中国社会科学院国情调研特大项目“精准扶贫精准脱贫百村调研”

精准扶贫精准脱贫百村调研丛书
CASE STUDIES OF TARGETED POVERTY REDUCTION AND ALLEVIATION IN 100 VILLAGES
李培林／主编

精准扶贫精准脱贫百村调研·新建村卷

乡村旅游与电商助力精准扶贫

李人庆　齐云晴／著

社会科学文献出版社
SOCIAL SCIENCES ACADEMIC PRESS (CHINA)

“精准扶贫精准脱贫百村调研丛书”
编　委　会

中国社会科学院国情调研特大项目
“精准扶贫精准脱贫百村调研”
项目协调办公室

主　任：王子豪

成　员：檀学文　刁鹏飞　闫　珺　田　甜　曲海燕

总　序

调查研究是党的优良传统和作风。在党中央领导下，中国社会科学院一贯秉持理论联系实际的学风，并具有开展国情调研的深厚传统。1988 年，中国社会科学院与全国社会科学界一起开展了百县市经济社会调查，并被列为“七五”和“八五”国家哲学社会科学重点课题，出版了《中国国情丛书——百县市经济社会调查》。1998 年，国情调研视野从中观走向微观，由国家社科基金批准百村经济社会调查“九五”重点项目，出版了《中国国情丛书——百村经济社会调查》。2006 年，中国社会科学院全面启动国情调研工作，先后组织实施了 1000 余项国情调研项目，与地方合作设立院级国情调研基地 12 个、所级国情调研基地 59 个。国情调研很好地践行了理论联系实际、实践是检验真理的唯一标准的马克思主义认识论和学风，为发挥中国社会科学院思想库和智囊团作用做出了重要贡献。

党的十八大以来，在全面建成小康社会目标指引下，中央提出了到2020年实现我国现行标准下农村贫困人口脱贫、贫困县全部“摘帽”、解决区域性整体贫困的脱贫攻坚目标。中国的减贫成就举世瞩目，如此宏大的脱贫目标世所罕见。到2020年实现全面精准脱贫是党的十九大提出的三大攻坚战之一，是重大的社会目标和政治任务，中国的贫困地区在此期间也将发生翻天覆地的变化，而变化的过程注定不会一帆风顺或云淡风轻。记录这个伟大的过程，总结解决这个世界性难题的经验，为完成这个攻坚战献计献策，是社会科学工作者应有的责任担当。

2016年，中国社会科学院根据中央做出的“打赢脱贫攻坚战”战略部署，决定设立“精准扶贫精准脱贫百村调研”国情调研特大项目，集中优势人力、物力，以精准扶贫为主题，集中两年时间，开展贫困村百村调研。“精准扶贫精准脱贫百村调研”是中国社会科学院国情调研重大工程，有统一的样本村选择标准和广泛的地域分布，有明确的调研目标和统一的调研进度安排。调研的104个样本村，西部、中部和东部地区的比例分别为57%、27%和16%，对民族地区、边境地区、片区、深度贫困地区都有专门的考虑，有望对全国贫困村有基本的代表性，对当前中国农村贫困状况和减贫、发展状况有一个横断面式的全景展示。

在以习近平同志为核心的党中央坚强领导下，党的十八大以来的中国特色社会主义实践引导中国进入中国特色社会主义新时代，我国经济社会格局正在发生深刻变化，脱贫攻坚行动顺利推进，每年实现贫困人口脱贫1000多万人，贫困人口从2012年的9899万人减少到2017年的3046万人，在较短时间内实现了贫困村面貌的巨大改观。中国社会科学院组建了一百支调研团队，动员了不少于500名科研人员的调研队伍，付出了不少于3000个工作日，用脚步、笔尖和镜头记录了百余个贫困村在近年来发生的巨大变化。

根据规划，每个贫困村子课题组不仅要为总课题组提供数据，还要撰写和出版村庄调研报告，这就是呈现在读者面前的“精准扶贫精准脱贫百村调研丛书”。为了达到了解国情的基本目的，总课题组拟定了调研提纲和问卷，要求各村调研都要执行基本的“规定动作”和因村而异的“自选动作”，了解和写出每个村的特色，写出脱贫路上的风采以及荆棘！对每部报告我们都组织了专家评审，由作者根据修改意见进行修改，直到达到出版要求。我们希望，这套丛书的出版能为脱贫攻坚大业写下浓重的一笔。

中共十九大的胜利召开，确立习近平新时代中国特色社会主义思想作为各项工作的指导思想，宣告中国特色社会主义进入新时代，中央做出了社会主要矛盾转化的重大判断。从现在起到2020年，既是全面建成小康社会的决胜期，也是迈向第二个百年奋斗目标的历史交会期。在此期间，国家强调坚决打好防范化解重大风险、精准脱贫、污染防治三大攻坚战。2018年春节前夕，习近平总书记到深度贫困的四川凉山地区考察，就打好精准脱贫攻坚战提出八条要求，并通过脱贫攻坚三年行动计划加以推进。与此同时，为应对我国乡村发展不平衡不充分尤其突出的问题，国家适时启动了乡村振兴战略，要求到2020年乡村振兴取得重要进展，做好实施乡村振兴战略与打好精准脱贫攻坚战的有机衔接。通过调研，我们也发现，很多地方已经在实际工作中将脱贫攻坚与美丽乡村建设、城乡发展一体化结合在一起开展。可以预见，贫困地区的脱贫攻坚将不再只局限于贫困户脱贫，我们有充分的信心从贫困村发展看到乡村振兴的曙光和未来。

是为序！

李培林

全国人民代表大会社会建设委员会副主任委员

中国社会科学院副院长、学部委员

2018 年 10 月

前　言

为贯彻实施我国在“十三五”期间实现脱贫的精准扶贫战略，促进一二三产业融合发展、大众创业和万众创新，重庆市扶贫办在全国率先开启了以开发乡村资源和发展乡村旅游促进城乡经济一体化的试点，在重庆偏远贫困地区开展了以乡村旅游和消费扶贫为核心的电商扶贫，寻找了一种新的发展方式，实现了精准扶贫，带动贫困山区社会经济发展，为新时期的扶贫与发展找到一个合适的切入点和着力点，不仅得到贫困地区农户的欢迎和支持，也得到中央和各级领导的肯定，开创了一个具有一定普遍适用性的精准扶贫发展模式。其中城口县是杰出的代表，而新建村位于重庆市北部山区的城口县东安镇。它属于典型的高山地貌，处于冲积扇平原，土地不平，田地少，气候潮湿而多雨。而且新建村是一个近期搬迁而成的村庄，位于山脚下，能够进行开垦的土地少，种植业（以玉米和土地为主）不发达并且也难以满足村民家庭生活所需。基于恶劣的自然条件和不发达的交通环境，在市场化不断发展的条件下，当地村户怎样发展生产，使得家庭获得长期的发展与提升？这是本书主要研究的问题，本书尤其关注政府精准扶贫政策在其中的具体举措、作用以及相关问题。笔者致力于描述个体分散小农在政府和市场的共同作用下的具体生活与生产路径、脱贫致富的方法。同时，也希望归纳出一般性的分散小农户面对市场的有效机制、基于政府的权力与资源的切实扶贫到位的举措。特别是现阶段新建村依靠现代信息化和网络化的发展，通过网络销售吸引消费者，这是该地扶贫脱贫行动的成功之处，也是在实行扶贫攻坚战略时值得关注和推广的模式之一。同时，乡村旅游也是当地持续发展的一个重要方面，这也是基于当地群山环绕、拥有较好的自然环境。电商扶贫工程是国务院扶贫办确定的“十大精准扶贫工程”之一。重庆自 2012 年开始启动该项工程，已初步探索出“村游网平台 + 电商扶贫村（网上村庄）+ 贫困农户”的特色电商扶贫模式，取得了一定的扶贫成效。我们在研究中发现，农旅融合和电商扶贫对于拓展当地农产品市场、农业发展以及精准扶贫都起到了积极而显著的作用。但作为一种新的扶贫发展方式，它还有待进一步完善和发展。同时应认识到：基于贫困人口以及农业产业本身的一系列问题，仅仅通过单一手段是无法解决贫困问题的，对农业现代化发展与贫困小农发展及精准扶贫如何有效衔接仍然需要进一步探索。其中的关键问题还在于：如何实现市场有效性，以促进农业产业链增值和实现城乡融合发展。

笔者和相关调研人员一起通过联系村庄干部而进入该村，并且居住于本村的一家农家乐；问卷调查是由经过培训的当地村干部和调研组一起完成的，后期访谈主要是通过农家乐的店主协助联系完成的。本次调研的主要对象是东安镇新建村的贫困户与非贫困户，出于现实的原因（贫困人数有限、外出不在家以及居住高山之上、语言不通等）还考察了邻近的沙湾村的少部分贫困村民与非贫困村民。受调查的农户中，新建村和沙湾村各占一半数量，其中新建村的受调查农户属于贫困户的有 17 户，而沙湾村的受调查贫困户只有 13 户。调研方法是问卷调查与访谈相结合，一般调研时间在半小时到 1 个半小时之间；并且对村庄相关人员、村干部以及网上村庄负责人等进行了深度访谈。

目 录

第一章

村庄的基本情况

电商扶贫工程是国务院扶贫办确定的“十大精准扶贫工程”之一。重庆自2012年开始启动该项工程，已初步探索出一个“村游网平台+电商扶贫村（网上村庄）+贫困农户”的特色电商扶贫模式，取得了一定的扶贫成效。重庆城口县为此制定了相应的《乡村旅游精准扶贫实施方案》，按照“政府主导、群众主体，乡村联动、全民参与，规划先行、培训先导，打造示范、全域发展”的工作思路，以建设“森林人家”为载体，以发展乡村旅游为突破口，引导群众兴办“森林人家”、发展微型企业、建设庭院经济，改善生产生活条件，提升扶贫开发水平，探索出了“六

统三分十到位”（统一规划布局、统一形象品牌、统一服务管理、统一宣传营销、统一学习培训、统一收费标准；分类实施、分户建设、分层接待；农户观念转变到位、环境治理到位、室内设施完善到位、游客接待联络到位、农户经营服务技能提升到位、政策支持到位、规范管理到位、旅游文化营销到位、建设资金周转到位、回馈意见办理到位）的乡村旅游扶贫发展模式。力图发挥乡村旅游在精准扶贫中的突出作用，通过发展乡村旅游为贫困人口创业、就业、增收提供平台，让贫困户实现脱贫致富。

第一节　村庄沿革和历史

新建村是因该村庄原修建有祖师庙而得名，由当地百姓约定俗成，于 1949 年前命名，并沿用至今。从居民构成来看，它还是一个由高山移民搬迁形成的村庄。在政府搬迁政策的支持下，山区家庭基于自身发展因素、子女培养等需求的影响逐渐搬迁至新建村。新建村位于狭长的山区平原地带，田地少，村庄内居户较为分散；尤其是六社和七社，分布在山区，居住点最为稀疏。全村村民基本无宗教信仰，并且全部是汉族，无少数民族。目前，全村总共 318 户 1020 人，共分为 7 个村民小组，具体分布如图 1-1 所示。

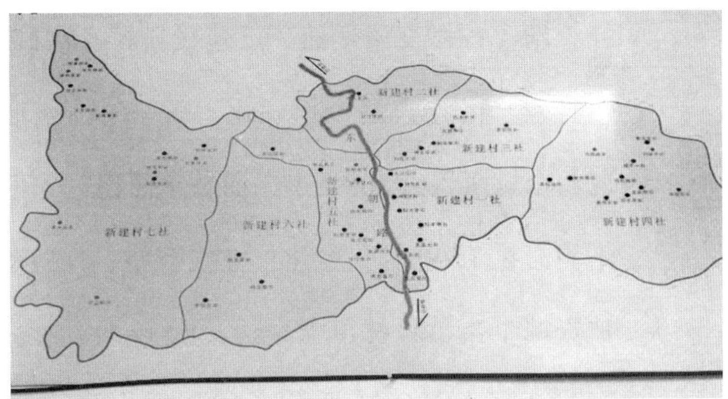

图 1-1　新建村人口居住分布情况

图片来源：齐云晴摄于 2017 年 6 月。

图 1-2　村庄河流沿岸

图片来源：龚美琳摄于 2020 年 8 月。

第二节　区位、自然资源及人口

新建村位于重庆市最北部的县域——城口县内的东南部东安镇，亢谷地域，旅游资源丰富。新建村东部与德安村毗邻，南与汪家梁接界，西属新建2社管辖。该村交通便捷，已建成通村通社村级公路，而且农户的连户路全部硬化。新建村的土地分布情况：全村面积25508.1亩，而林地面积达21859.5亩，平均海拔1500米。新建村空气清新、气候适宜、植被资源丰富，森林覆盖率达90%以上。而耕地面积2675.8亩（占全村面积的10.5%），以水田和旱地为主，主要种植玉米、土豆、水稻等。该村地处高山，田地少，种植业不发达；在长期发展过程中，交通有了很大的改善，林业、药材等自然资源较为丰富。

村庄人口分散居住较多，主要是三、四、五、六、七小组，集中居住的是一、二组。在人口年龄分布上，50岁以上、18~50岁和18岁以下者各占全村人口的1/3；性别方面，男性多于女性，男性占52%，女性占48%。从健康的角度来看，新建村村民健康状况较为良好，健康者占 97%，而残疾人和具有重大疾病的人则各占 2%、0.5%。新建村村民的教育程度偏低，具有大专及本科文化程度的人只占 1%，高中（中专）文化程度的人口也仅占 5%，而具有初中文化及小学文化程度的多达 80%，甚至还有 14% 的文盲或半文盲。教育资源方面，幼儿园、小学等位于东安镇上，学生主要依靠校车和家长接送，尤为不便。

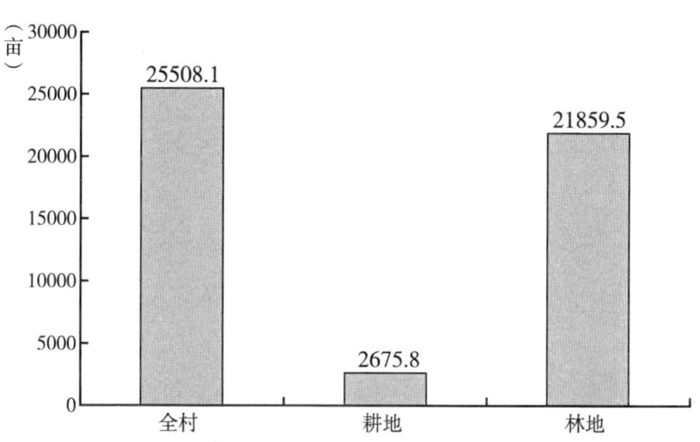

图 1-3　新建村土地分布情况

注：数据来源于精准扶贫精准脱贫百村调研新建村调研。

说明：本书统计图，除特殊标注外，均来自新建村调研。

第三节　村庄贫困与反贫困特征

一　村庄基础设施

由于高山地形和湿润的气候，全村绿化覆盖率达到 90% 以上，全村经济、交通、生态大格局已经逐步形成。村落主要沿河谷分布，道路交通较为完善，并且已经通车。2016 年修建了安全饮水工程，户户都能安全饮水。早在 1996 年，全村就已基本实现通电。

图1-4　村落分布

图片来源：齐云晴拍摄于 2017 年 6 月。

新建村发展受限的主要原因之一就是当地基础设施滞后，通信和网络基础设施不健全。目前，新建村村内部分地方手机信号较差。而且，在道路交通上，七社（原撤并村）村民出行难，车辆无法通行，拟从五社修建一条人行便道至七社，在五社修建一座石拱桥。

二　农户住房及设施使用情况

根据调查问卷，60 户农户中 81.7% 的农户家庭只有一处住房，平均每户建筑面积达 158.4 平方米。其中 30 户新建村受调查农户中，拥有两处住房的比例高达 23.3%。当地居民的房屋基本上为 2000 年以来建设，如表 1–2 所示，建房材料以砖混材料为主。但新建村的受访农户的住房情况要差于沙湾村的受访农户，如表 1–2 所示；在住房状况方面，两村的危房数量较少。

表 1–1　2017 年新建村 & 沙湾村 60 户受调查农户拥有住房数量情况

单位：户

村落	无住房	一处住房	两处住房
新建村	1	22	7
沙湾村	2	27	1
全部	3	49	8

表 1-2　2017 年新建村 & 沙湾村 60 户受调查农户的住房建筑材料使用情况

单位：户

村落	钢筋混凝土	砖混材料	砖瓦砖木	竹草土坯
新建村	4	17	5	4
沙湾村	0	30	0	0
全部	4	47	5	4

图 1-5　新建村卫生室

图片来源：齐云晴拍摄于 2017 年 6 月。

在家庭使用设施上，新建村等农户取暖主要依靠烧炉子，也有部分农户家庭采用电暖气；沐浴设施也逐渐现代化，运用电热水器和太阳能也较为普遍。而当地农户使用的最主要的炊事能源是柴草，如表 1-3 所示，65% 的农户还是主要使用柴草，电和液化石油气的使用相对较少。家庭卫生方面，首先，当地农户家所建的厕所类型主要是卫生厕所，75% 的受调查农户家庭都有卫生厕所；传统旱厕也依然存在和使用。其次，在农户的生活垃圾处理上还需要进一步加强宣传和教育，随意丢弃和烧掉垃圾的方式依然存在，如表 1-4 所示。最后，在生活污水排放上，农户主要是将生活污水排到院外沟渠或者随意排放。

表 1-3　2017 年新建村 & 沙湾村 60 户受调查农户家庭最主要的炊事能源

单位：户

村落 \ 主要炊事能源	柴草	罐装液化石油气	电
新建村	17	12	1
沙湾村	22	4	4
全部	39	16	5

表 1-4　2017 年新建村 & 沙湾村 60 户受调查农户处理生活垃圾方式

单位：户

村落 \ 处理方式	送到垃圾池	定点堆放	随意丢弃	其他（烧）
新建村	13	6	2	9
沙湾村	20	8	0	2
全部	33	14	2	11

三　农户家庭生活收支

根据问卷统计，受调查的 60 户农户的 2016 年户均纯收入为28954元，其中新建村的30户受调查农户家庭2016年户均纯收入为21436.9元，低于沙湾村的30户受调查农户。从农户的收入来源来看，当地农户收入主要来自工资性收入，其次是农业经营收入和非农经营收入。新建村的30户受调查农户家庭的收入主要也来自工资性收入，占总收入的66.6%。而这些农户对2016年纯收入的满意程度主要是一般，如表1-5所示。

表1-5　新建村&沙湾村60户受调查农户对2016年纯收入的满意程度

单位：户

满意程度 / 村落	不太满意	一般	比较满意	非常满意
新建村	6	16	6	2
沙湾村	4	22	4	0
全部	10	38	10	2

家庭支出占比见图1-6。60户受调查农户2016年户均家庭生活消费总支出为19112.7元，其中新建村的受调查农户约为15422元，低于沙湾村受调查农户的总支出。当地农户的家庭支出主要集中在食品，其次是教育和医疗等方面。新建村的30户受调查农户的家庭生活消费总支出也主要集中在这三方面，而且食品支出占比略低于总体平均水平，为33.5%。

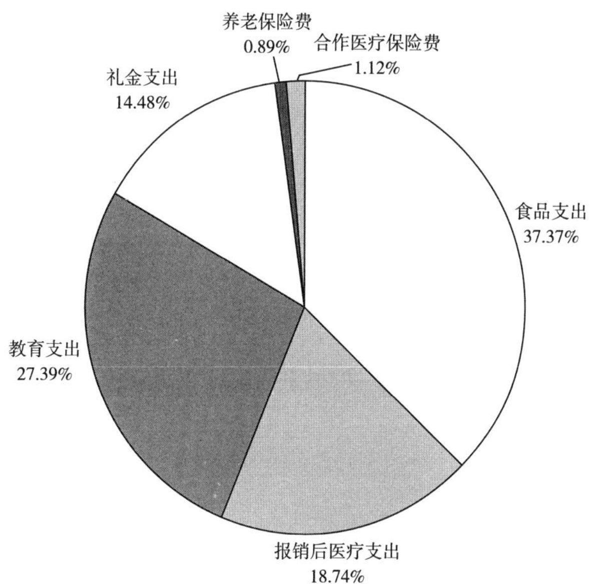

图 1-6　2016 年新建村 & 沙湾村 60 户受调查农户家庭生活总支出占比

四　扶贫状况

新建村和沙湾村受调查的 30 户建档立卡贫困户中有 19 户是在 2014 年确立的，在 2015 年、2016 年陆续有所增加，其余还有 6 户于 2014 年和 2015 年陆续被调整出来。受调查的 30 户非贫困户对本村扶贫效果的反馈：58.3% 的农户认为本村的扶贫效果良好（包括非常好和比较好的部分），其中新建村的农户对本村的扶贫效果评价要好于沙湾村。从贫困户与非贫困户的视角而言，贫困户认为扶贫效果好的占比高于非贫困户。

表1-6　2017年受调查的新建村 & 沙湾村两村农户对本村扶贫效果评价

单位：户

村落＼评价	非常好	比较好	一般	不太好	说不清
新建村	7	19	2	0	2
沙湾村	0	9	10	7	4
全部	7	28	12	7	6

表1-7　2017年新建村 & 沙湾村受调查的贫困户与非贫困户对本村扶贫效果评价

单位：户

农户类型＼评价	非常好	比较好	一般	不太好	说不清
贫困户	6	17	6	1	0
非贫困户	1	11	6	6	6
全部	7	28	12	7	6

从表1-8来看，贫困户（2017年还属于建档立卡贫困户，总共24户）对为本户安排的扶贫措施是否合适的评价都偏向于合适，对本户目前为止的扶贫效果的评价也是良好。从表1-9来看，非贫困户对于为本户安排的扶贫措施是否合适的评价也偏向良好。

表1-8　新建村 & 沙湾村受调查贫困户对为本户安排的扶贫措施是否合适的评价

单位：户

村落＼评价	说不清	一般	比较合适	非常合适
新建村	0	1	8	6
沙湾村	2	2	5	0
全部	2	3	13	6

表 1-9　新建村 & 沙湾村受调查非贫困户对为本户安排的扶贫措施是否合适的评价

单位：户

村落＼评价	说不清	不太合适	一般	比较合适	非常合适
新建村	0	0	1	9	4
沙湾村	2	1	2	4	0
全部	2	1	3	13	4

第四节　改革后经济社会发展阶段和特点概述

基于当地自然环境的特征，当地粮食种植以玉米、土豆为主，但这不足以支撑家庭发展。“玉米种了 2500~2600 亩，间套种土豆，种植面积和玉米相当。玉米的地头售价一元一斤左右，土豆地头售价 0.5~0.6 元每斤。玉米和土豆主要用作养殖饲料，养猪、鸡、羊及少数的黄牛，少数卖给酒厂做酒。玉米单产平均 700 斤每亩，土豆单产 400 斤每亩每季，土豆每年可收五季，每年每亩 2000 斤左右。”[①] 改革开放后，打工成为当地收入的主要来源，尤其是建设高速路。70% 的青壮年都外出务工，务农的主要是老年

① 新建村老书记访谈，2017 年 6 月 12 日。

人。据村内老书记说，目前有 400~500 人外出务工，而且省外务工的占全部务工人数的 90%。

图 1-7　新建村农户耕种

图片来源：龚美琳提供，2020 年 8 月。

后期由于网络的普及和乡村旅游的进一步发展，该村也逐渐发展出种植养殖产业，包括中蜂、中药材、板栗、核桃、山地鸡等，目前正在着重发展乡村旅游产业。这也是该村进行脱贫的主要方式，依靠网上市场，通过合作社拓展销路，同时也不断推动农家乐的发展来促进当地经济发展。新建村等发展旅游成效差，主要是由于它们距离亢谷这个主要旅游景点远，景色同质性高，并且这几个村落的旅游景点还处于未开发阶段。总体而言，该村还是以打工为主要的收入来源。

第五节　小结与讨论

新建村的自然环境限制了该地的发展，这也是现阶段当地发展的基础。尤其是在改革开放之前，山路崎岖，外出交通不便。故而市场化程度低，而且由于土地少和土壤质量不好，农民依靠种植并不能满足家庭持续发展的需要。而且据当地村民讲述，村民主要是以土豆和玉米为食。故而当地的贫困是历史性的、持续性的。随着改革开放，农民逐渐走出村庄打工，打工成为当地脱贫的主要并且有效的途径。至今，随着电商和网络的普及、运输和快递的迅速发展，当地也有了新的产业，即依靠当地资源和环境，打造属于本村的特色产业，帮助村民在家也能获得较高的收入。

整体而言，新建村村民的贫困是具体建立在其环境和历史上的。当然，该村想要走出贫困的状态，也要依靠其所拥有的条件和具备的资源等。故而这一章就是具体介绍新建村的自然环境和历史，了解该村的具体方面，也就更加清楚形成贫困的根源和复杂的社会因素。就新建村而言，村民和村庄的贫困是长期性的，而且正是基于其地理区位和环境，当然人本身的因素也有一定的影响。

第二章

贫困和建档立卡贫困户

第一节　贫困的界定和认定——谁是贫困户？

新建村是从 2015 年开始全方面开展精准扶贫工作的，贫困户认定也基本同步开展。精准扶贫的顺利开展，其最基本、关键的工作就是关于贫困和贫困户的界定。而对于贫困的定义，学界和国家等有着多样化的标准和界定。

首先，贫困——这个概念从其含义上被划分为绝对贫困和相对贫困。英国学者朗特里（1901）认为，“一定数量的货币和服务对于个人和家庭的生存福利是必需的，缺乏获得这些货币和服务的经济资源或经济能力的人和家庭的生活状况，即贫困”。也有学者从维持家庭物质生活所必需的角度，认为收入不够维持这一层面所需的家庭或个人就处于“贫困状态”。而相对贫困则是指一个人或家庭的收入比社会平均收入少到一定程度时所维持的那种生活状况，它不是根据某一固定标准，而是根据低收入者与社会其他成员收入的差距来定义贫困。换言之，相对贫困是一个动态的概念，反映的是社会中不同个人和家庭之间的差距和不平等，当然这是基于一定的价值判断。

其次，学者们还从社会剥夺和社会排斥两个视角来理解贫困。例如，柏桑德认为低收入或无收入不是造成人们生活贫困的唯一因素，其他因素还包括住房、接受教育、医疗卫生、工作条件和保障等，而其他人正享受着贫困者在社会各层面被剥夺的这些条件和资源。另外，欧共体委员会在1989年的《向贫困开展的共同体特别行动计划的中期报告》是从社会排斥的视角来解释贫困，表示贫困应该被理解为个人、家庭和群体的资源（物质的、文化的和社会的）如此有限以致他们被排除在他们所在的成员国可以接受的最低限度的生活方式之外。

国家统计局《中国城镇居民贫困问题研究》课题组对“贫困”的界定:“贫困一般是指物质生活困难，即一个人或一个家庭的生活水平达不到一种社会可接受的最低标准。他们缺乏某些必要的生活资料和服务，生活处于困难境地。”在实际扶贫工作中，基本上政府将其转化为具体的评价标准，也就是《家庭入户评分表》中房屋、家用电器、家庭成员及其健康、教育程度等各方面的标准，其中最为根本的是不断发展和改变的扶贫标准——贫困线。2011 年，中央扶贫开发工作会议宣布，根据到 2020 年全面建成小康社会的要求，同时适应我国扶贫开发转入新阶段的形势，中央决定将农民人均纯收入 2300 元（2010 年不变价）作为新的国家扶贫标准。而在精准扶贫工作开展过程中，“精准”也使得政府在贫困线的基础上，扩展出具体的、可操作化的标准。

在实际扶贫过程中，一般会在贫困线的基础上，增加相应的具体的标准。具体而言，政府和基层干部往往通过《精准识别贫困户入户评分表》来认定贫困户，但是不可否认的是，该表所列出的各项标准并不完全适合全国范围内多样的村庄情况。这也是在认定贫困户的过程中存在的一大问题。而且，村干部在认定过程中也有较大的空间，其中也无法避免人情关系。从农户视角而言，农民自身对贫困户的认定也有所差异。但在认定贫困户的时候，往往都是从上往下的操作过程，农民在其中的作用非常有限，可以说权力在其中的限制作用非常明显。当然，不可否认的是，农民自身对政府信息的关注度不够、政治参与的自觉性也不高等因素也有影响。

从这一层面而言，对于贫困户的认定和贫困标准制定是由上往下进行的，而农民自身对贫困的认知往往是不同的。尤其是在家庭生活和发展过程中，贫困是一个复杂的、具体的生活状态和阶段。故而，对贫困的认知的不同，在扶贫过程中也影响着扶贫效果，而且很多农民将扶贫资源视为一种进入村庄的较少的自上而下的公共资源，能获取和使用的资源也非常有限，由于在制度设计上对资源的知情权实现程度不足，在其分配和使用上很难有真实有效的参与，往往抱着一种“等靠要”的心态。

第二节　贫困认定程序、过程及标准

新建村贫困户的认定是由县政府等统一协调安排

的，经过了组织培训扶贫小组、深入村庄调查。扶贫小组由县级官员、乡镇干部和村干部、村民代表等组成，进入农户家中，严格按照其实际情况进行打分。《精准识别贫困户入户评分表》主要从住房、家电、农机、机动车、饮水、用电、道路、健康、读书、劳动力、务工、人均土地面积、种植养殖业以及家庭和农业风险等多方面集中、简化地考虑农户家庭情况。而且饮水、用电、道路等都属于村级基础设施，家庭方面的指标没有考虑到差异性较大的方面，例如住房只考虑到房屋结构、装修情况和人均面积等层面，尤其是装修只区分了简易装修与无装修，而住房面积的大小在评价中的意义不大。

在精准识别过程中，还存在“一票否决”的情况和案例。“一票否决”的标准是全家外出打工半年以上、从未交过新农合费用，这样的家庭是被排除在外的。对这些被一票否决的家庭是不用“打分”的。在全村打分之后，由工作小组一起汇总分数，并根据上级政府的要求，将符合分数要求的家庭上报并公示。同时也要进行评议等，在认定过程中，要确实保证农户了解过程和信息。但是在实际过程中，农户对该过程的了解程度不高，甚至对公示的信息也不一定了解。这皆因农村居民受限于自身的受教育程度。

整体而言，贫困户认定过程一定程度上是一个自上而下的过程，政府通过规范化和标准化的操作来确保村民的权利。但受自身条件的限制，加上政治参与的自觉性低等原因，村民对扶贫政策和工作及相关信息的了解程度非常有限，往往局限于自身和家庭。公示和开会的程序在实际村庄生活中并没有保证农民对政策相关信息的了解，故而农户在扶贫过程中的监督作用基本上很小。贫困户认定是精准扶贫的基础工程。但是，基于中国的现实，贫困户认定过程也是一项十分巨大的工程，尤其是在有限的时间内，但完成效果整体上还是比较好的。

第三节　贫困认定的公平性、村庄治理结构及基层民主

从公平性而言，新建村的贫困认定与邻村——沙湾村的贫困认定有着较大的差异。沙湾村村民认为

他们对扶贫过程的信息掌握不完全，存在不公平的因素，例如人情关系。相较而言，新建村村民则认为本村的贫困户认定基本上是非常公平的。从表 2-1 看出，新建村的受调查农户对贫困户认定的合理性评价高于沙湾村，偏向于合理。

表 2-1 2017 年新建村 & 沙湾村受调查农户对本村贫困户认定是否合理的评价

单位：户

村落 \ 评价	非常合理	比较合理	一般	不太合理	很不合理	说不清
新建村	8	17	2	2	0	1
沙湾村	0	12	4	8	2	4
全部	8	29	6	10	2	5

第四节 贫困户特征和典型贫困户案例

从东安镇的层面来看，新建村建档立卡贫困户总共有 48 户，占东安镇建档立卡总贫困户数（479 户，2017 年统计数据）的 10%。从表 2-2 可以大致看出新建村以及东安镇的贫困水平和分布情况：东安镇整体贫困分布范围广；贫困户数方面，新建村在其中处于中等，但是贫困发生率较高，只低于仁河社区；同时，在政府的协调和帮助下逐渐实现脱贫。

表 2-2 2017 年东安镇贫困村、贫困户基本情况

序号	村/社区	建卡贫困户	总人数	2015 年脱贫		2016 年脱贫		2017 年脱贫		2018 年脱贫		备注（贫困发生率，%）	总人口
				户数	人数	户数	人数	户数	人数	户数	人数		
1	兴隆村	70	245	34	109	28	109	3	9	5	18	2.1	1266
2	鲜花村	49	182	13	51	30	110	4	15	2	6	2.5	837
3	德安村	53	185	12	49	34	114	5	17	2	5	1.6	1327
4	密水村	40	139	10	34	25	87	2	7	3	11	2.9	611
5	沙湾村	65	197	7	24	44	147	10	15	4	11	2.2	1148
6	仁河社区	55	169	12	41	23	62	15	51	5	15	6.6	993
7	黄金村	18	69	5	20	11	44	0	0	2	5	0.8	590
8	兴田村	17	75	10	38	7	37	0	0	0	0	0	689
9	新建村	48	156	11	48	23	63	7	23	7	22	4.2	1051
10	朝阳村	64	225	27	97	34	115	3	13	0	0	1	1249
	汇总	479	1642	141	511	259	888	49	150	30	93		

注：2016 年 12 月 4 日动态调整数据为 480 户 1652 人，本次动态调整后，全镇共有 479 户 1642 人。四类人员踢出 3 户 10 人，新增 3 户 8 人；整户死亡 1 户人；自然新增 7 人：黄金、密水、兴隆、兴田各 1 人，新建 3 人；自然减少 14 人：德安 2 人，密水 1 人，兴隆 3 人，仁河 2 人，新建 6 人。

资料来源：精准扶贫精准脱贫百村调研新建村调研。

说明：本书统计表格，除特殊标注外，均来自新建村调研。

具体而言，新建村建档立卡的贫困户主要是因为生病、残疾、学费和缺少资金以及劳动力、交通不便等地理因素、自身发展动力不足等而陷入贫困，其中

50% 以上都是因病、因残而致贫。这与当地医疗水平紧密相关，以及与农户自身对待疾病的态度有关。残疾而导致的贫困较多，则主要是源于当地务工工种——修建高速公路，尤其在其中打桩的活儿十分危险，并且这项工作还易导致农户得肺病，严重影响其身体健康。因学致贫则更多是由于无法承担九年义务教育之后的教育费用，例如高中、专科等，学费和生活费等都超出了家庭承担能力。缺少资金和劳动力、自身发展动力不足等都导致村民难以发展生产。交通不便则是由当地地理因素造成的。

精准扶贫后期新增的贫困户主要也是由灾、病、缺少劳动力造成家庭贫困和收支不平衡的状况，尤其是生产和生活中的突发事件导致的生病和残疾等使得农户陷入长期性的贫困。接下来将具体分析几种典型家庭的贫困情况。

案例 2-1：因病致贫以及预期的教育贫困

梅才顺，其家庭人口有 4 人，属于新建三组，因病致贫。2014 年底刚住进新房的他，2015 年就患病，需要自付医疗费 8000 余元，甚至 2016 年自付医疗费达 2 万余元。但是近几年来，他却一直没有交医疗保险，无法享受医疗保险。更为严重的是，2017 年 9 月 12 日先后在重庆两所大医院进一步确诊为患有反流性食管炎、慢性胃窦炎，需自费医疗 3 万余元。他说道，2017 年大部分医疗费靠亲朋好友支持。目前他本人丧失劳动能力，而家庭的主要经济来源依靠其妻子在乡（镇）内打零工、采药材等。家里有两个孩子还处在义务教育阶段，教育发展的成本不断在增长。可以看出，该家庭收入有限，但是家庭生活负担一直在加重，尤其在孩子受教育后期更容易再次陷入贫困之中。

案例 2-2：因病致贫

杨纪友，一家四口，属于新建三组，也是当地典型的因病致贫案例。当时杨夫妇二人去省外务工（湖北挖桩），故笔者通过邻里介绍以及电话了解其具体情况。杨纪友本人身患腰椎、颈椎病多年而且患矽肺病初期，已经自付医疗费 1 万余元。其大女儿杨延林就读于城口中学，于 2016 年在四川隆昌被确诊为 L5-S1 椎间盘轻度突出。目前，她的腿脚肿痛，经常在校请假看病，两年来自付医疗费2万余元；而小儿子还处在义务教育阶段。

案例2-3：因病、因残致贫

刘泽清，属于新建五组，其家庭共有四口人，同样也是由于生病、残疾等而陷入贫困之中。首先，他本人患有慢性心脏病，在一定程度上影响家庭的生活和生产。2017年6月28日，刘泽清夫妇二人外出务工（去河北保定挖地桩），其妻子殷宗菊不幸受伤，导致左手失去知觉、左眼失明，至今也没有恢复。虽然老板支付了相关的医疗费用，但个人生活目前还不能自理，正在申请评残。这又使得这个脆弱的家庭更为不幸，于2017年下半年被评为低保户。总而言之，该家庭很难长期脱离贫困，夫妇俩都难以为家庭创造足够的收入。

案例2-4：因残致贫且无劳动力支撑

周光平，属新建五组，该家庭有四口人，由于生病而导致残疾、家庭困难。2016年11月21日，周光平在重庆医科大学附属第二医院被诊断出：左胫骨骨折术后切口感染，左侧腓总神经损伤，左胫骨骨折术后延迟愈合，左胫骨慢性骨髓炎，基本丧失劳动能力。下半年其家庭被评为低保户，本人目前还行动不便。2017 年 5 月妻子外出后一直没与家里联系，使得家庭更为艰难。现在他还有一位 71 岁的父亲，行走困难，无劳动能力；还有一个两岁女儿，需要照顾等。总而言之，该家庭无主要劳动力，无经济来源，而且负担较重。

案例 2-5：因病孤老

殷大平，属新建六组，单人家庭，其儿子殷宗国多年外出未归。而其女儿殷宗菊已婚并且外出务工因灾致残，女婿刘泽清患有慢性心脏病，无赡养能力。2017 年 8 月在城口县疾控中心他被诊断患有肺结核，目前还依然居住在竹草土坯房中。基于这一实际情况，于 2017 年下半年被评为低保户。

案例 2-6：子女重大疾病

刘远兵，属新建 7 组，该家庭有八口人，但实际常住人口为 6 人。该家庭的住房是危房，并且还无物力、人力和财力建设房屋。他以前是电工，但受家庭条件制约而欠债，于2017年6月去往雅安务工，大概月收入3000元；其妻子在县城租房居住，通过带学生、帮零工等获得收入，一般月收入1500元左右。他小儿子现2岁多，患有先天性心脏瓣膜疾病，由于没钱医治只能靠后期自身愈合，目前寄养于他外公外婆家。母亲贺显贵身患宫颈癌于2015年动手术，至今未痊愈，一共花去医疗费6万余元。总而言之，该家庭的经济收入较少，但是负担重，子辈和父辈都需要供养和较多的医疗花费等。

从以上六个鲜活的案例可以看出，农村家庭的脆弱性，不仅是由于经济收入低，而且由于其应对生活和生产风险的能力也十分低。而且，家庭陷入贫困之后，也难以轻易摆脱贫困的状态。这同样是与家庭的脆弱性和农民本身的特性紧密相连的，与市场化的社会也是密切相关的。在市场化转型中的“风险社会”中，农民面对的困难和风险是非常大的。

第五节　贫困村社区的社会结构分层——贫困循环与贫困风险人群

村庄内部群体也有着相当大的分化和社会结构分层，但总体上一般家庭和群体都是处在彼此相当的经济、文化发展水平中。在村庄中，调研员最容易感受到的是村庄中极其富裕和最为贫困的两种家庭和人群。尤其是从经济的层面而言，在这两个极端之外，基本上其他人群和家庭等都是处于中间，很难清晰地感受出他们之间的明显差距，村民都会抱怨自己经济条件不好、家庭困难和负担重。

在新建村这样一个贫困高发的高山区村庄中，地形和群体的低文化程度也更为普遍地影响着村庄和村民。而且，社会保障的缺失等也确实更易导致家庭贫困的发生。在村庄中，走出贫困状态是一个长期的过程，甚至需要两三代的时间。而且，贫困的传递性也明显强烈。例如，支撑家庭发展的父母生病对家庭和下一辈的发展会有极大的影响，甚至导致辍学，之后更加难以使家庭脱离贫困。贫困的循环不仅涉及代与代之间，而且影响着联系紧密的其他家庭。脱贫的动力和实际效果与贫困循环有着难以摆脱的联系。

从宏观而言，村庄内除了极端富裕的家庭之外的人群都是贫困风险人群，一旦家庭内部出现重大疾病等都会迅速陷入贫困之中。整体而言，整村村民的经济收入保障是非常脆弱的，即使脱离绝对贫困状态，也只是处于温饱糊口而已，而且社会保障又处于缺失状态，返贫的风险异常大。村民的文化程度低也导致其所从事的工作安全性不高，生产和生活风险大。基于市场化的影响，村民不可避免地被卷入市场化的浪潮之中，但其本身能够与之对抗的防护很少，故而在这样的社会环境中，农户的地位和环境是高风险的。从上文介绍的贫困案例中很明显可以看出这些村民处于高风险社会，不仅是生产和生活的风险高，其社会保障也不到位，故而一旦家庭中出现劳动力缺失或者重大疾病，贫困往往随之而至，而且在相当长的时间内存在并循环。

第六节　小结与讨论

自然环境影响了新建村长期以来的发展，尤其是在市场化的背景下；同时人本身的受教育程度和文化水平等也影响了村民的发展。新建村村民的贫困是历史、地理因素形成的。该村庄的贫困加大了村庄和村民在风险社会中的脆弱性。贫困是一个复杂的社会现象，与时间、空间和多重社会因素都紧密联系，这也使得反贫困并非单个项目就可以实现的。

从国家反贫困的行动来看，政府对于贫困和贫困户的界定是自上而下的，更为注重从经济状态来判断。而在村庄中，贫困对于村民来说则更为具体，同时也更为复杂。政府对贫困户所进行的精准定位，与村民在村庄情境中感知到的贫困有些差异。在新建村扶贫过程中也存在这样的问题。由以上论述可以看出，新建村是一个贫困发生率较高的村落，而且贫困是一个存在已久的问题。政府在新建村的扶贫工作中效果明显，但还是存在长期巩固反贫困成果的问题。

本部分主要是描述新建村的贫困现状，并具体阐述该村典型农户的案例。贫困不仅是历史性的，也是现实的。在现阶段，农民能够得到的扶贫资源在增加，但是脱贫成果还有待巩固。故而，在此基础上，笔者将在下几个章节具体讨论扶贫和发展干预的措施和途径。

第三章

扶贫与贫困户社会经济发展干预

第一节　致贫原因和减贫路径、对策

一　致贫原因分析

随着国家反贫力度的加大，学界对贫困这一方面的研究也在增加。关于致贫原因的探讨也是众说纷纭，但都承认贫困原因是多样且复杂的。具体而言，新建村的贫困也是多种因素导致的。而减贫则要基于其现实环境和条件开展。

首先，在自然环境方面新建村位于险峻的高山区，可用于种植的土地少，环境和资源禀赋上不利于农民的生产。一方面，土地少、产业结构不合理和生态脆弱导致农民难以扩大再生产；另一方面，地形因素导致村庄长期处于封闭状态，市场发育迟缓，村庄发展水平明显低于同地区平均水平。在 2000 年以前，新建村大部分居民居住在高山上，交通极为不便，村民通过烧毁山林来获得更多的耕地，越发强化了生态的脆弱性；而且村民高山居住的状态也是极为分散的，这也使得村庄内部发展缓慢，居民之间交流少，生活生产基本上是自给自足的模式。而后期，当地农户搬迁至较平坦的狭长的山间平地区域，由于土地少以及农业收入少，当地农户不得不依靠外出打工以获得收入。当地水灾较多，对农业生产和生活影响较大。这也限制了当地农业的机械化发展，农业难以实现规模化、专业化发展。在资源方面，山区主要拥有林木、山珍等资源，以及村内还有高岭岩等矿产资源，其他资源稀少，不利于当地发展其他产业。

其次，当地缺乏主导产业，在农业发展受限的情况下，新建村村民主要是以种田、在当地打零工和外出打工获得收入。村内产业没有获得较大发展，而且并不能解决村内农户的就业和收入问题。虽然现阶段电商扶贫和旅游扶贫模式得到了发展，但外出打工依然是当地村民获得家庭收入的主要来源。山珍、药材等可通过网上销售，但旅游发展和农家乐的推广在现阶段并没有给当地村民带来长期稳定的可以支撑生活的收入，同时也并没有实现产业化，对村庄的影响不是很大。这两种扶贫模式固然契合当地的自然环境和条件，但是总体上对扶贫的影响并不是很大。减贫离不开产业的发展，完全依靠外出打工的收入很难使当地村民脱离贫困的状态，甚至打工在缺乏保障下的高风险还更容易使家庭陷入贫困当中。在缺乏当地产业的情况下，农村劳动力外流的趋势是不可抑制的。青壮年劳动力的流失，使得村庄出现严重的“空心化”现象，萎缩是村庄的发展趋势。留守成为村庄生活的常态，不仅是儿童，还有老人、妇女等都成为其中的“核心成员”。显然，在缺乏劳动力的村庄，发展是艰难的，包括文化、经济、基础设施等各方面。教育方面的衰落就是典型案例。

再次，村民本身素质低也是当地贫困的重要原因。文化程度不仅影响着农户能够从事的工作，也影响着其长期发展。许多农户的思想观念落后，经济能力更为薄弱。而且，这也体现在反贫困进程中，贫困户本身的反贫困意识不强，更多的是“等靠要”政府的资源，这样的方式是难以使得农户脱离贫困的，只有自身能力强大起来才能真正摆脱贫困。否则，农民因教育程度低而经济生产能力弱，在市场上处于弱势地位，而且农民对于未来和农村潜在经济机会的思考也是非常少的。

最后，新建村村民的贫困不是突然从天而降的，而是历史地形成的。贫困是由来已久的，而且在市场化背景下以及村民社会保障不健全等条件下，贫困原因有了一定的变化。在现阶段的市场和社会转型背景下，农户自身原因和村庄内部的组织化水平也影响着村民及其家庭的发展。伴随着城乡交通基础设施的改善，在受到积极正面的作用和影响之外，村庄也受到城市化、工业化及市场化所带来的一些负面问题的影响，例如污染、劳动伤残以及空心化等。农民的弱势地位不仅体现在经济上、文化上，也体现在生活的方方面面。

二　减贫路径

贫困是一个复杂的治理难题，从致贫原因就可以看出。各个国家在面对贫困问题时，采取了多样的治理途径。

中国自新中国成立就积极开展扶贫工作，扶贫路径也是多种多样的。首先，1978~1985 年是体制改革推动扶贫阶段，通过农村经济体制改革推动土地经营制度和市场经济制度变革等。1986~1993 年是大规模开发式扶贫阶段，成立了专门扶贫工作机构，安排专项资金，制定专门的优惠政策，由救济式扶贫模式转向开发式扶贫。例如在一些贫困地区，开展了“贫困地区工业化项目投资”的开发式战略实践。下一阶段是 1994~2000 年，实施综合性扶贫攻坚战略，以国家八七扶贫攻坚计划的颁布为标志。该阶段明确提出要以贫困村为基本单位，以贫困户为主要工作对象，以扶持贫困户稳定解决温饱问题、发展种养业为重点，坚持多渠道增加扶贫投入，主要开展三大扶贫项目（扶贫贴息贷款、以工代赈和发展资金）。2001~2012 年是综合开发式扶贫阶段，主要实施整村推进与“两轮驱动”扶贫战略，把贫困瞄准点下移到村，全面推进以整村推进、产业发展、劳动力转移为重点的扶贫开发措施。而 2013~2020 年则是精准扶贫阶段，注重六个精准（即扶贫对象精准、项目安排精准、资金使用精准、措施到户精准、因村派人精准、脱贫精准）

等，将扶贫重心放在人身上。在上述几个扶贫阶段，政府采取了多样化的减贫路径，以下将具体描述主要的减贫路径和项目措施等。

整村推进是开发式扶贫的主要模式之一，是指以村为对象，致力于以增加贫困群众收入为核心，以完善基础设施建设、发展社会公益事业、改善群众生产生活条件为重点，以促进经济社会文化全面发展为目标，整合资源、科学规划、集中投入、规范运作、分批实施、逐村验收的扶贫开发工作方式。这种反贫困路径在推动农村社区的基础设施建设上十分有效，同时也注重社区内成员的主体性发展，尤其是关注其在政治生活中的参与性。

产业开发扶贫模式，是指通过科学规划、规模投入、规范管理，发展以种养业为基础的区域性支柱产业，从而解决单个贫困农户在应对市场时面临的信息、技术和销售等问题，降低贫困农户市场竞争的风险，提高农户脱贫的效率。产业扶贫是中国农村扶贫的重要模式之一，尤其是在农业产业化和市场化的背景下。该模式通过政府、企业和农户三方合作，以市场运作的优势来帮助贫困地区发展生产，提供就业岗位，增加贫困农户的收入。但是有些贫困农户由于自身能力不足，难以把握产业扶贫的机遇，故此种扶贫模式的效果并未百分百发挥。杨振强也指出，产业扶贫是一个多目标的扶贫方式，不仅要顾及扶贫效果，更要重视产业的发展情况；它面临着市场等各方的多重压力。[①]

以工代赈扶贫模式，是政府投资建设基础设施工程，受赈济者参加工程建设获得劳务报酬的一种农村扶贫政策。该模式能够将基础设施建设与扶贫紧密结合在一起，在一段时间内增加农户的收入，提升家庭收支水平。但这并不是长期的保障，而且基本上也不利于农户技能水平和主体性的提高。该模式对贫困农户脱贫的作用有限，但是确实将社会发展和扶贫紧密联结在一起。

易地搬迁扶贫模式，是指由于自然、地理环境特殊，大量贫困人口居住在自然条件十分恶劣的地区，就地脱贫难度大、成本高，很难从根本上解决其脱贫致富问题，而且就地扶贫开发会对居住地生态环境造成持续破坏；因此通过科学规划，有步骤、分期分批地将农户转移安置到水土资源比较丰富的地区而实现其脱贫。目前，该减贫途径主要有三种模式：一是政

① 杨振强：《精准扶贫视域下西部贫困地区农业产业发展模式研究》，《学术论坛》2017 年第 3 期。

府组织移民在他处选址安置，统一规划和迁出；二是插户移民，分散安置，政府给予一定补助；三是分阶段搬迁，采取搬迁初期两头有家的形式，待移民点实现生产和生活基本稳定后再整体搬迁。这一扶贫模式改变了农户所处环境，有利于农户发展生产和生活，助力贫困人口加快脱贫致富。

小额信贷扶贫模式是近年来在发展中国家得到广泛实施的一种重要的扶贫模式，是指为贫困和低收入人群以及微型企业提供的一种小额信贷，“贷穷不贷富”。该模式能够为贫困农户提供一定的发展和生活资金，解决农户资金困难的问题，同时也能协助农户努力地发展生产。但是小额信贷能够起到的作用并不大，尤其是在贫困地区农户自身能力不足的情况下，容易存在一些农户贷款越来越多的情况。

劳务输出扶贫模式，将农村剩余劳动力转移到外地进行就业。这一模式主要基于当地产业发展受限，将贫困地区劳动力转移到相较而言的发达地区就业，可有效平衡地区发展，同时有利于贫困地区经济收入的增加。劳务输出也有助于输出的贫困人员扩展视野、提高技能水平、了解市场发展等。

综上所述，虽然历经多年的扶贫，新建村的农民收入有所提高，但在工业化、城市化、市场化转型发展的过程中，其与其他地区的相对差距拉大。城口县是重庆市最偏远的山区县，其区位和交通条件限制了其市场化和开放发展进程，但与此同时，其天然绿色的发展资源也得到了保护，其秀美的自然风光和绿色土特农产品也为乡村振兴打开了另一扇窗。

第二节　扶贫到村与扶贫到户——从整村推进到精准扶贫

新建村的扶贫模式从扶贫到村的方式到扶贫到户的精准化扶贫的转变，体现了我国政府扶贫方式的一个重大转变。新建村位于重庆市城口县南部地区，地形等因素导致其长期贫困，一直受到当地政府的重视和扶贫资源的倾斜。

整村推进是将政府引导、群众自发和市场需求三方面协调考虑的参与式扶贫模式，涉及村级社会、文化、组织、民主政治以及精神文明建设等多个方面。但新建村所进行的整村推进扶贫重心还是在基础设施建设方面。总之，我国的整村推进扶贫主要经历了以下四个阶段。

——2000 年，我国开始在西部地区试行瞄准贫困村的“整村推进”扶贫模式。在《中国农村扶贫开发纲要（2001~2010 年）》中，国务院扶贫办总结了各地实践经验，正式提出整村推进的扶贫开发模式，确定在全国范围内开展“参与式整村推进扶贫”工作。

——“十一五”期间，是该模式的中期发展阶段。全国有 12.6 万个贫困村实施了整村推进扶贫，占到了贫困村总数的 84%。2008 年，国务院扶贫办与农业部等 13 个部门联合下发《关于共同促进整村推进扶贫开发工作的意见》，明确指出“整村推进”是新阶段我国扶贫开发工作的重要举措，强调加大对三类地区（人口较少民族、内陆边境 48 个国家重点县中距边境线 25 公里范围内、592 个国家重点县中 307 个革命老区县贫困村）的整村推进扶贫工作的力度。

——全面发展和推进阶段。《中国农村扶贫开发纲要（2011~2020 年）》指出，整村推进扶贫作为专项扶贫的一种形式，结合社会主义新农村建设，自下而上制定整村推进规划，分期分批实施。发展特色支柱产业，改善生产生活条件，增加集体经济收入，提高自我发展能力。这强调“实施水、电、路、气、房和环境改善‘六到农家’工程，建设公益设施较为完善的农村社区。加强整村推进后续管理，贫困村相对集中的地方，可实行整乡推进、连片开发”。例如，2011年《关于共同做好整村推进扶贫开发构建和谐文明新村工作的意见》。

——2012年，国务院公布了《扶贫开发整村推进“十二五”规划》，明确了“十二五”期间，我国30000个贫困村将实施整村推进扶贫开发。中办国办印发的《关于创新机制扎实推进农村扶贫开发工作的意见》对于整村推进强调扶贫办从“六到一增”也就是水、电、路、讯、房、环境改善到农家和农户增收致富方面来进行扶贫开发的整体推进，除了这“六到一增”，还强调推进教育、卫生、文化等社会事业发展，从而形成了“6+1+3+N”的扶贫开发综合发展模式。

第三节　小结和讨论：贫困主体性与发展干预

总而言之，贫困是一个复杂的治理难题，是对长期发展的一个挑战。反贫困一直是中国政府关注的重要问题，而且在实践中也不断在优化扶贫模式，将对人的关怀融入其中。精准扶贫将扶贫资源等精准对接到人，也是扶贫历史的一大进步。扶贫的成果是不可否认的，但是在全球扶贫历史上以国家为主体的扶贫模式也存在一些有待思考的问题。

首先，在扶贫过程中，脱困主体性是非常重要的。这是政府和其他组织在进行扶贫和发展干预中需要重视的。扶贫不是依靠政府灌输资源来使得农民脱离贫困，虽然以政府为主体的精准扶贫模式能够实现大规模的扶贫覆盖，但还是要重视农户长期的能力建设、主体性意识培养等方面。

其次，单个资源的分开使用，固然在一定程度上避免了贫困户所能得到扶持的流失，但是每一个家庭所能获得的资源有限，并不能支持每个家庭很好地发展产业，精准化可能带来资源的大规模分化，没有注重扶贫资源进入农户家庭之后的使用问题。故而，扶贫应该是注重机会、能力与责任等三位一体的建设，要确保扶贫资源的有效使用，真正让每一个人都能够获得长远发展提升。

第四章

基于小农经济的农户生计与贫困

第一节 收入与生计——贫困的经济视角与社会视角

从新建村发展历程来看，农户的收入来源最为主要的还是种田，但出于高山地形和耕地稀少的原因，农业经济薄弱，并不能实现家庭收入与持续发展相对应的同步增长，外出打工就成为当地最为主要的获取经济收入的途径。在家庭承包和市场经济条件下，在一亩三分地的条件下农业不足以平衡家庭收支，无工不富的家庭就业形态非常明显，青壮年劳动力不得不走出村庄，进入城市非农业，成为兼业者和城市工业的廉价劳动力。

经济层面上，首先，劳动力质量低下导致的家庭经济来源的不稳定性以及收入的局限性，容易使得农民家庭陷入贫困之中。而且，农民的技术水平低，更是难以寻求稳定、高收入的工作，工作的不稳定带来收入以及生活的高风险性。在新建村，一场病就会使得一个家庭陷入长期的贫困状态。而且这样的例子是普遍性的，在 48 个建档立卡贫困户中有 16 户家庭是由于生病而陷入贫困的，占 1/3；而后期即 2017 年下半年新增的 6 户家庭，基本上都是由于生病而陷入贫困的。在中国，农村家庭的脆弱性是不言而喻的，尤其是在市场化转型的过程中。固然外出务工能够增加农民家庭的收入，甚至是一些家庭脱离贫困的重要途径，但是务工并没有给农民带来稳定和保障，甚至可能增加其生活生产中的危机。脆弱性并没有得到缓解，在市场化的转型社会中，社会风险增加，农民工的身份及其工作带来的风险可能更大。例如，新建村有在修建高速路和高铁打桩的务工者，很多青壮年都从事于此。但是打桩是一项非常危险的工作，一不小心就容易受伤甚至残疾，而且经年工作还可能患上矽肺病。但是这些风险并没有完善的社会保障加以化解，村中有一位青年就是因为打工而受伤截肢，但由于还没签合同故没有工伤保障，以致家庭陷入贫困，他自己也难以再获得收入。在经济收入不稳定的前提下，社会保障的不完善是当代农村农民面临的重要生存与发展问题。

其次，农民所拥有的资本存量少，资本积累程度低。“可资利用的资本资源少，资本—劳动比率低直接造成劳动生产率水平低下和贫困。”① 家庭承包的土地，以及农村中的房基地和房子在市场化和城市化的社会中并不具有太大的价值，尤其是在农民不断涌入城市的背景下。

再次，农民对资源利用的低效。农村的自然资源包括土地、林木、生态环境等都没有被充分有效地利用，更没有完全转化为经济收入。现代化和信息化的发展给现代农民带来了极大的挑战，农业发展趋势和网络销售等难题更是给农村带来了双重挑战。

最后，从微观视角而言，家庭内部的抚养成本的上升也是导致家庭贫困的重要因素。

社会层面上，农民自身的能力以及权利意识的

① 叶普万:《贫困经济学研究》，中国社会科学出版社，2004。

弱化，正如阿玛蒂亚·森所描述的贫困，是多因素综合影响后的状态。首先，贫困是与自然因素紧密相连的，“自然环境恶劣导致贫困，但贫困又反过来加剧环境恶化”。[①] 自然环境影响着村落的长期发展，也限制着村落未来的发展前景。其次，贫困往往与历史也有着深刻联系，尤其是在发展中国家的农村。发展不充分的社会意识、文化等影响着农民，进而影响着其生活和生产。往往在贫困山区中，教育设施差，通过文化科学知识传播促进生产力发展的手段并没有得到有效运用。再次，制度框架问题也是中国贫困形成的一个重大原因。地区制度差异、城乡制度差异等影响着农村和农民生活发展。从人力资本和社会支持的视角来看，农民所拥有的人力资本少，其社会支持相较于城市居民和工人也较少。其有限的社会支持网也进一步限制了农民对所有资源的使用，农民难以摆脱生产和生活中的风险。总而言之，从社会角度对致贫原因的分析可以是多层面的，从人本身，到家庭、社区、社会等，交互影响着生活与生产。

调查数据表明，贫困农户致贫因素中的一半

① 叶普万:《贫困经济学研究》，中国社会科学出版社，2004。

左右是疾病和伤残，因此精准扶贫的一个核心目标就应该是阻断造成致贫的健康因素，建立针对农民工的健康保障和人力资本安全保障措施，将扶贫措施前置化，为农民提供健康医疗保障，这将大大减少贫困农户，提高农村人力资本水平和劳动力供给能力。

第二节　家计和家庭生命周期及贫困

根据城口县政府的调查统计，新建村家庭每年支出要高于收入的20%，当地生产生活支出成本高。从家庭收入与支出结构而言，当地农户家庭收入来源少，收入低；但是生活成本较高，包括衣食住行等众多方面。家庭经济结构的不稳定也是贫困的重要原因，这也是基于市场化影响的重要现象。农民并不能继续维持自给自足的生活生产模式，市场化是无法回避的。新建村中绝大部分家庭的收入主要来自本地务农和务工，但是务农和务工收入少，而且村内由于劳动力的外移存在有地不能种、有山不能用、有工不能务的现象。整体而言，农民收入来源单一，甚至有些农户家中只能依靠政府补助生活。家庭收入的来源少，也是家庭脆弱性的原因之一。而且农户家庭中的劳动力基本上大量的时间都花费在生产和工作上，抚养孩子以及赡养老人的时间都相对较少。

从调研问卷分析来看（见表 4-1），非贫困户的家庭年平均支出明显高于贫困户的家庭年平均支出，超过大概一倍的收入。尤其家庭年平均支出的中位数差距很大。

表 4-1　2016 年新建等两村家庭年支出情况

单位：元

农户类型	家庭年平均支出	中位数	家庭年支出最大值	家庭年支出最小值
非贫困户	38328	31040	90000	2000
贫困户	16530	9200	83000	1000

具体到家庭不同类型的支出方面，见图 4-1，非贫困家庭的食品支出、教育总支出和礼金支出等都高于贫困家庭。而报销后医疗总支出方面，贫困户的家庭支出要稍高于非贫困户，但两者差距不大。养老保险和合作医疗方面，非贫困户比贫困户家庭高一些，这主要源于家庭结构以及政府补贴等方面。

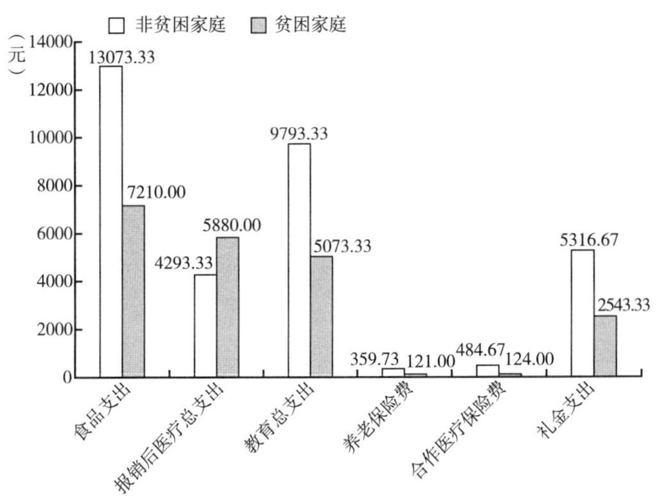

图 4-1 2016 年新建等两村 59 户家庭不同类型支出比较

而且从家庭生命周期来看，农村家庭也面临着养老和培育下一代的难题。养育子女是家庭重要的责任之一，对于农村家庭来说，最为重要的是学校教育以及生活支出问题。中国贫困地区有较多因学而致贫的家庭。新建村 48 户建档立卡贫困户中也有 3 户是由学校教育支出而致贫的。教育支出的增加更多体现为义务教育之外的开支，例如教育上移使得教育的交通和陪读费用增加，以及补课费用增加等。而且高中以上的教育费用对于农村家庭而言更是一大负担，这在家庭支出结构中占据了非常大的比重。另外，养老问题是城乡都存在的一个重要的问题。尤其是在新建村这样的山区中，已经从山区搬迁到山下的家庭还较为方便，一些居住在高山上的老人尤其面临严重的生活和养老问题，甚至下山买生活日常用品都不便利。在新建村，笔者调研的时候曾经去了一家山区住户，该户只有两位 60 多岁的老人，还有一个未结婚的独子，近几年毫无踪影。两位老人独居山上的小屋（2017 年政府帮忙完成危房改造）中，种着好几亩自己开垦的山地，平常只有需要添置生活用品时才会由其老伴儿下山。日常，两人都是在山上生活，养蜂、种地，也没有电视。而且上山下山的路也是那种小道（政府帮忙硬化了一部分），而且有的地方坡度很大，下雨过后小道更是湿滑（见图 4-2）。

图 4-2　山上小径

图片来源：齐云晴拍摄于 2017 年 6 月。

对于老人来说，生活已经是隔绝的状态，甚至与人交流困难。在生活方面，年纪越大，日常生活也会愈加艰难；更遑论看病、养老方面。

图 4-3　山间房屋和玉米

图片来源：齐云晴拍摄于 2017 年 6 月。

故而，对于农村家庭来说，贫困是横亘在代际、长期的一个综合性问题。倘若要实现贫困农户脱贫，需要考虑家庭生命周期的变化以及这期间的负担等。家庭收入结构与生命周期的影响也是十分复杂的，而且在市场化背景下，外出务工带来的“留守”问题更是加剧了农村的衰落。“由于家庭人口结构的变动，家庭处于不同的生命周期中，对农民来说，家庭状况经常受到劳动力人口和消费人口比例的影响。”[①] 从家庭生命周期的角度来看，若保持小农经济，贫困是循环而且无法消除的。

第三节 家庭生计的管理和能力差异

从家庭生计的视角而言，由于自身文化程度的影响以及生活生产限制，一些农户只求温饱，没有更多的精神需求，不关心政策。对于有些农村家庭而言，发展性需求和消费基本上是不存在的，这是出于生活环境的限制，同时也是家庭生计使然。

另外，农户自身的文化程度，也导致了生产和收入的受限。他们在意识和能力方面都有着较大的不足，尤其是在发展生产上。农户很难将农村和山区资源转化为经济收入，更遑论是形成一个村庄的产业支撑。文化程度低影响了农民本身的劳动力质量和技术水平，也导致了他们对自身拥有资源的无效利用。故而即使贫困家庭获得一定的扶贫资源，在很大程度上

① 王晓毅、马春华主编《中国 12 村贫困调查：理论卷》，社会科学文献出版社，2009。

也只能缓解家庭暂时的经济困境，而不能充分利用资源来脱贫，或者发展出家庭长期的经济支柱。

最后，相对于城市居民而言，农户的资产也是非常少的。农户拥有的土地并不能给他们带来足够的生活收益，而且相较于城市土地价格，农村土地价格非常低廉。在城市化和市场化的社会中，一般农村家庭拥有的资产甚至可以忽略不计。而且农村家庭也不断在向城市转移，由教育到下一辈的婚姻、孙辈的成长等等。大多数农民凭本身的能力无法将少量的资产转化为长期有效的经济收入，故而多层次、多因素影响着农民家庭的脱贫。而且家庭生计与农村社区也有着紧密联系，维持生计的活动主要依赖社区和自然资源。

第四节　小结和讨论：基于生计视角和基于收入视角的减贫与发展干预

贫困源于一个家庭的收入不稳定和不足够。在家庭生命周期和家庭收入的影响下，脱贫需要基于农户本身能力的培养。简单的扶贫资源投入并不能改变家庭生命周期的轮换和提高农户自身生产和管理能力，核心还在于提高贫困主体的人力资本水平和质量，建立基于自身能力发展的收入和生计支持系统。农户的生计包括收入与支出两个方面，决定其收支和生计模式的，还有其所处家庭周期和家庭成员结构以及赡养系数等因素，同时也有农村社区的公共服务福利水平和集体经济支撑供给能力。

从这一层面而言，贫困农户主体性的发展和人力资本的开发与保护是扶贫干预中最为重要的一环。只有人本身的能力发展和权利意识强化了，才能真正有能力走出贫困，才可能避免家庭生命周期的循环影响。基于生计和收入的减贫干预，通过精准扶贫“两不愁、三保障”的托底扶贫措施，才有可能为贫困农民提供有效的安全保障网，使其避免遭受市场的多次剥夺，形成自我发展能力。

第五章

脱贫和改变农村收入的结构性因素

第一节　贫困户和非贫困户收入结构的比较

从调研的60份有效问卷来分析新建村和沙湾村两村的贫困户与非贫困户的收入状况。从表5-1中可以看出，非贫困户2016年的家庭平均年纯收入要远远高于贫困户家庭。家庭年纯收入的最大值和最小值差别更大，不论是贫困家庭还是非贫困家庭，都存在家庭年纯收入为负值的情况。当然，访谈结果不可避免地存在误差，总体上，两村的贫困户与非贫困户一年的纯收入差异较大。

表 5-1　2016 年新建等两村 60 户家庭年纯收入情况

单位：元

农户类型	家庭平均年纯收入	中位数	家庭年纯收入最大值	家庭年纯收入最小值
非贫困户	10701.67	0	150000	-12440
贫困户	2733.33	0	36000	-77000

由图 5-1 可知，60 户家庭中非贫困户比贫困户收入多的集中在工资性收入和非农经营收入上，而贫困户家庭的农业经营收入相对较多。这也可以看出，当地外出打工是增加收入、摆脱贫困极为重要的途径之一。

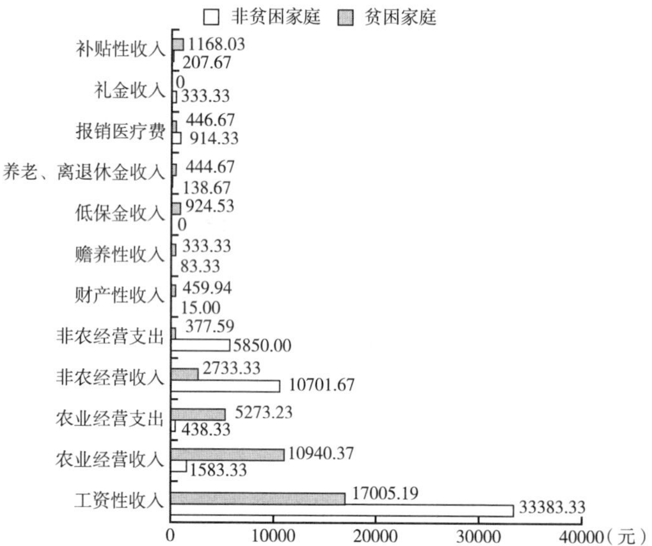

图 5-1　2016 年新建等两村 60 户家庭不同收入类型比较

第二节　改革开放后的大规模脱贫农户收入结构的微观考察

从2016年新建等两村60户农户家庭收入可以看出，贫困家庭和非贫困家庭在家庭收入结构上存在明显差异，集中体现为非农收入和工资性收入上的显著差别。贫困户家庭收入主要还是以农为主的收入结构，而非贫困农户收入主要体现在非农经营收入和工资性收入上。从这里我们可以明显看出，在现有贫困山区农地规模结构上，要真正摆脱贫困还是需要通过“离农”或者说非农化来实现，也就是说非农化和务农人口的析出是解决山区贫困的根本之道。

而从事非农工作的农户由于缺乏相应的教育和技能，大多从事重体力劳动等风险较大和安全保障较小的工种，而这是以身体健康透支为代价的简单糊口生计模式，完全不足以摆脱贫困，反而可能因病因伤掉入更深的贫困陷阱。在山区很多农户在矿区或者重污染的企业打工，有不少人得了矽肺病，年纪轻轻就无法从事体力劳动。并且其治病的日常开销为家庭造成了巨大负担。

我们还无法获得改革开放以来农户生计和家庭收入结构变迁的长时段数据，无法进行定量的分析，但是我们通过图 5-1 中的 60 户贫困农户和非贫困农户收入结构比较可以看出，改革开放和发展，虽然让农户实现了自由支配劳动时间和自主进行农业生产管理，但是对于不同农户而言，其产生的经济社会后果是不同的。新建等两村农户的收入分化显著地表现在务农和非农的差异上，这种分化和分工不仅体现在收入结构上也体现在支出结构上，显然非农收益明显大于务农收入。这体现了当前我国小农发展的制度性困境。

家庭劳动力人口和赡养人口结构特征大体上决定了农户的收入结构水平。除了因病因残外，教育水平低和家庭老龄化也是贫困农户收入低下的两大重要原因。从山区农业的特征来看，仅仅依靠传统农业是无法支撑其家庭基本支出的，需要通过发展特色农业和一二三产业多业态融合发展，在深度挖掘乡村价值的基础上，通过高附加值农产品将资源变为产业和资产，实现金山银山向现代农业产业结构的调整和转型。

第三节　增收与返贫：贫困和增长的社会机会结构及可能性

调查发现，在当今城乡统一劳动力市场和农产品商品化市场条件下，农户改善其自身经济地位的社会机会结构主要取决于它与外部市场的连接和市场化程度。贫困农户家庭贫困的主要原因是在人力资本的缺失、文化教育缺乏和疾病、身体残疾等各种因素的限制下无法参与到非农产业发展中，也无法从第一产业中解脱出来进入产业融合发展通道，通过产业链和价值链延伸实现其收入增长。要实现贫困农户增收、避免其返贫，除了提升其非农参与率之外，还需要将市场引入其农业生产中，通过提升其农业生产的有效性和市场参与率，实现收入可持续增长。

新建村周边的环境既是村庄和社区发展的有利条件，是提供各种资源的环境，也是当地以往以及现在发展受限的重要因素。土地的稀缺使得种植业发展受限，在一定程度上阻碍了当地人口的发展。而且交通不便也使得当地难以发展依赖市场的产业，例如果蔬种植等。再者，村民本身文化程度低，能够从事的工作少，这更加减少了农户家庭的收入来源。故而，就本村村民而言，单纯依靠农业收入，以及相关的农业副业，是难以支撑整个家庭生活以及未来发展的。这也导致新建村等村落大部分青壮年不得不外出从事工资较高的工作。

从以上分析来看，当地村庄发展受限的影响因素众多，除了环境和历史外，人自身的影响也至关重要。而外出务工导致村庄进一步衰落。

第四节　小结与讨论：作为地理区位的结构性因素与贫困地区发展的相关性

重庆城口县新建村是典型的地处偏远山区的山区。其贫困和发展缓慢主要源于市场化过程中地理区位的结构性因素。伴随着我国经济发展和交通基础设施条件的改善，进入 21 世纪以后特别是近些年，发展的扩展效应也波及边缘山区，逆城镇化和乡村旅游的兴起、网络信息技术的发展为边缘山区发展提供了新动能，后发地区的发展核心在于针对其独特的资源条件进行有效的开发，实现稳定的市场化，从而实现在地化的可持续发展。城口将乡村旅游和农产品电商作为其发展的核心和突破口是一个极为正确的发展思路，其关键还在于促进了农旅产业融合发展，以及将贫困农户农业生产市场化与市场需求有机地联系在一起，并且促进农业产品供应链和标准化发展，形成相应的利益联结机制，以分享到产业链和价值链的增值收益。

第六章

农户家庭承包经营与农产品市场化

第一节　家庭承包下的小农经济与市场：产品与商品之间的距离

新建村及其相连的几个村落都是传统的以家庭为单位的小农经济，依靠种植玉米、土豆等来获得食物、维持生活。受高山地形和交通限制，村庄市场化程度非常低，平时主要是附近几个村落定期举行赶集活动，来交换必需的生活用品。农户生产的农产品基本上能自给自足，剩余的一些农产品也难以实现市场化。

在互联网扶贫工作开展后，新建村等与市场的距离有了极大的变化。近年来，重庆既是一个大都市又有一个巨大腹地——乡村，作为城乡一体化改革试验区，重庆在城乡互动发展上走在全国的前列。除了举国瞩目的城乡土地一体化改革之外，相关政府部门及各区县也高度重视新技术和电子商务对于城乡互动的作用，积极鼓励发展和促进农村电商，先后引入了阿里巴巴、京东商城、邮乐购等知名电商企业到重庆拓展农村电商业务，支持构建县、乡、村三级农村电商服务体系和配套物流体系。重庆市扶贫办也借鉴其他省市发展电商扶贫的经验，组建了公助民办的电商扶贫实体“网上村庄”，力图通过破解山地农产品卖难问题、增加农民收入、引领农业转型升级，实现城乡有效互动对接和精准扶贫。进入 21 世纪，网络信息技术风起云涌，为实现生产和消费的精准对接，互联网经济和共享经济通过信息化解决传统市场无法解决的问题，降低市场化成本，提供新的市场机会。

重庆市城口县作为国家级贫困县，受地理、交通等客观条件的限制，确立了农村电商发展的扶贫道路。它远离城市工业，具有先天的绿色环保后发优势，但也与经济发达的城市中心消费市场在地理上相距甚远，电子商务的无边际特点正好弥补了这个缺陷。2016年习近平总书记提出的将农业供给侧改革和农村电商作为国家“精准扶贫”重点工程，已成为促进城乡对接和农产品供给侧改革下精准扶贫的一大抓手。城口县出台了《关于印发〈城口县电子商务发展规划（2015~2020）〉的通知》（城府办发〔2015〕90号），将互联网与农业生产相结合，切实发挥电子商务的优势，增强农业农村经济发展的内生动力，促进一二三产业融合发展。目前，全市已建成以“淘宝”“京东”“苏宁易购”“网上村庄”“邮乐购”为代表的涉农电商平台超过110家，涉农网商超过20000个，累计成立区县级农村电子商务公共服务中心23个，集聚电子商务服务商470余家，建成2900余个镇村电子商务服务站点，初步搭建起县有服务中心，乡镇、村有服务站点的公共服务体系，基本形成了以农村淘宝平台为核心的“1+N”电商服务体系，构建了集农产品标准化种植、策划包装、孵化运营、溯源服务于一体的农电商生态链。全市有17个区县（其中14个是扶贫工作重点区县）被纳入国家“农村电子商务综合示范县”行列，每个示范区县获得国家专项财政扶持资金2000万元。特别值得一提的是，全市 1919 个贫困村中已有 941 个建立了农村电子商务服务点，帮助贫困户销售农特产品 5.6 亿元，帮助 2.9 万户贫困户实现增收。

图 6-1 城口县东安镇中蜂养殖专业合作社贫困户会员大会

图片来源：李人庆拍摄于 2017 年 5 月。

电商服务体系和配套物流体系的构建，使得农民在家就可以通过网络零售农产品，并且形成了菜市场、生鲜连锁超市、网店等多样化公益性农产品零售网络体系。从农产品到商品的转换，在家在地就可以实现。同时，互联网还推动了定制农业的发展，改变了传统农业的生产模式和消费模式。图 6-2 展示了东安镇电子商务服务站内出售的一些农产品。

图6-2 城口县东安镇农村电子商务服务站的农产品

图片来源：李人庆拍摄于2017年5月。

第二节 市场化的地理区隔和收入结构变化：作为成本的物流和消费者的需求

电商农业是“互联网+”背景下现代农业发展的动力。农产品的重要特点是品种繁多、数量庞大，且生鲜产品易腐易损，受季节性、地域性等制约。长期以来，由于信息不对称，千家万户的小生产与千变万化的大市场难以有效对接，农产品流通的渠道被把持在龙头企业、批发商、零售商等手中，农户在全产业链的价值交换与利益分配中基本没有话语权，消费者更是被动参与。“菜贱伤农，菜贵伤民”现象时有发生。互联网技术的渗透及农产品电商平台、农产品信息平台的崛起，为从根本上消除这一顽疾开出了良方。农产品信息平台和农产品电商平台能够将海量的农业信息汇聚在一起，农产品价格和供求关系等情况可以一目了然。生产者和消费者通过网络平台可以实时沟通，直接讨价还价，省去重重经销渠道，减少中间环节，降低交易成本，最大限度地增加农产品生产者、消费者的收益。正因如此，近年来全国各地电商农业蓬勃发展，网售农产品已成燎原之势。“生活要想好，赶紧上淘宝”，“要购物，先百度”，电商农业发展给人们带来了实实在在的巨大好处。针对农产品生鲜易腐易损及山地农业小规模、多品类、高品质等特征，重庆贫困山区发展电商农业要加强产品质量的全程监管，着力培育懂农、精商、通网的农产品电商经营市场主体，完善质检、包装、网站开发、快递物流等配套服务体系，创新产业发展模式，提升运营管理水平，打造具有山地特色的网销农产品品牌和农产品电商品牌，走特色化、品牌化电商农业发展之路。城口县已实现农产品质量溯源全覆盖，建立了电商农产品从生产、流通到消费的质量溯源体系。以特色农产品为重点，制定了严格的产品质量、公共品牌管理、产地认证、质量监管、分等定级、产品包装、销售赔付、服务保障等标准和制度。推广运用溯源码、电子商务码等新兴技术，推动溯源管理与市场准入相衔接，实现主打农产品、品牌农特产品从田间到餐桌全过程追溯管理，确保来源可查、去向可追、责任可究。

市场化的地理区隔在互联网和物流体系的作用下不断消除，而且政府加大对基础设施的投入降低了互联网农业的成本，从这一层而言，农户既能增加农业产品的收入，又能保持低成本运输。城口县建立了完善的农村电子商务公共服务体系，加强农村电子商务综合服务站点、网上村庄建设，整改僵尸站点，完善乡村电子商务公共服务功能。到 2019 年，建成电商服务站点 185 个，其中贫困村电商综合服务点建成 81 个，覆盖率达 90%。

第三节 边缘山区农产品市场化的条件：交通基础设施改善和网络信息化

近年来，重庆通过深入实施“村村通宽带”、“行政村通光纤”和“乡镇（场镇）4G 网络全覆盖”等工程，成为全国率先实现行政村 4G 网络全覆盖的 12 个省市之一，为贫困山区互联网助推农业发展奠定了较好基础。2017 年 12 月 6 日，重庆赛迪工业和信息化研究院在渝发布《重庆市信息化发展水平评估报告（2016）》，指出 2016 年重庆信息化发展指数为 76.38，在西部处于第一梯队的行列。建成全光网城市，实现行政村光纤和 4G 网络全覆盖，全市两化融合指数高于全国 4.5 个百分点。2017 年 11 月，全国信息进村入户工程交流会在江苏苏州举办，大会发布了益农信息社百佳案例，重庆市荣昌区通安益农信息社、石柱土家族自治县大歇双会益农信息社、荣昌区新民益农信息社、江津区西湖镇河坝社区迎宾街益农信息社、荣昌区舌之恋果蔬股份合作社益农信息社等 5 个案例入选全国百佳案例。

各级政府部门高度重视门户网站和公益网站建

设，积极推进网上政务工程，全市初步构建起聚合了党建、农业、文化、商贸、通信服务等信息资源的“市—区县—乡镇—村”四级综合信息服务体系，为山区群众便捷、高效获取有价值的生产、生活信息发挥了重要作用。市扶贫办按照“扶贫先扶智”的思路，引导鼓励互联网企业、专家能手与贫困户对接，以电脑视频、现场指导、结对帮带等形式，手把手传授新型农业技能、农产品种植技术等，使农民看得懂、学得会、能操作。并通过网络教育、网络文化、互联网医疗三个重点领域的工作，帮助提升贫困地区人口的文化素质、身体素质和就业能力，增强贫困地区内生发展动力。市农委主办的重庆农业农村信息网为全市农业农村发展提供了较为全面的公益性资讯服务。网站的主要版块有政务信息、办事互动、农业资讯、行业动态、建议提案，重点栏目有政务动态、国务院文件、市政府文件、行政通知、天气与农事、农事建议、监测通报、农情通报、疫情通报、价格走势、价格行情、种植信息、畜牧信息、渔业信息、农机信息、农经信息等，且各个版块和栏目里的信息丰富、更新及时。从监测通报信息看，双福国际农贸城的蔬菜批发价和批发量实现了日报，全市蔬菜、肉禽蛋、粮油、水产、水果等重要农产品价格及主要农资价格实现了周报，并编印了蔬菜产销形势预测、农产品产销形势预测、大宗农产品产销形势分析、主要化肥售价等月报。市农委安全监管处主办的重庆市农产品质量安全网主要通报了全市农产品质量抽检情况，以及全市无公害农产品、绿色农产品、有机农产品、农产品地理标志、名牌农产品的相关情况，为推动重庆农业的品牌化发展发挥了积极作用。市商委牵头建设了肉菜流通追溯体系，为保障肉类蔬菜消费安全、倒逼农业供给侧结构性改革发挥了积极作用。2017年4月，全市有127家纳入追溯体系的考核试点单位。其中，屠宰场11家，农贸市场33家，超市57家，批发市场2家，团采22家，配送中心2家。考核试点单位共上报数据159.07万条，可合成追溯链条的数据25.64万条。

新建村等临近村落基础设施不断完善，网络销售信息化体系基本建成。例如，淘淘乐进入新建村等，再者物流网十分便利，将农村与外部市场联结在一起。而且，城口县还建成了农村电子商务物流配送体系，有效地保障了电子商务的有序进行。以重庆缘曦速递有限公司为主体，整合12家快递企业、

8家物流企业，实施城口县农村电子商务物流配送体系整合项目。建设3000余平方米的集货运仓储、分拣、配送、物流信息平台、办公等多功能于一体的农村电子商务物流仓储分拨中心。结合电商综合服务站点的整改提升建成了105个物流快递配送点，深度贫困乡镇快递覆盖率达100%，贫困村物流快递覆盖率达100%。按照“三定三统”的配送模式（定时、定班、定点，统一运价、统一服务费、统一配送）在全县开展物流配送服务。

第四节　后工业化和城市化阶段的城市消费需求改变：休闲旅游、食品安全

随着互联网技术在农业农村的渗透及农村电商的蓬勃发展，重庆农村产业结构加快调整，以乡村旅游为龙头的休闲农业、观光农业、体验农业及农副产品生产基地、加工基地、快递物流等新业态应运而生，贫困山区一二三产业融合发展进程加快。在城口县，为推动电商扶贫和促进一、二、三产业

的融合发展，当地以“村游网”为依托，构建起了“电商+合作社+农户”新型农业生产组织方式，带动当地农户大力发展乡村旅游业和“后备厢经济”，取得了积极成效。仅城口县东安镇的兴田村、新建村和沙湾村，依托电商，现已发展高山土豆3000亩，养殖中蜂2000多群，发展花卉1000多亩，新发展农家乐50多户，多产业融合发展势头良好。在秀山县，为确保网售农产品品质和推动农产品电商的持续健康发展，以武陵生活馆网批平台为载体，探索形成了“互联网+供应基地+加工+品牌+质量体系”的新型农业生产组织方式，通过政府背书、利益分享、失信淘汰等举措构建起了上网农产品品质内控机制，有力地促进了当地农业的转型发展和农民增收。全市建成9个物流配送中心，1800多个物流服务站点，并探索出三种农村物流建设模式：一是采用PPP模式，以国资民资共建物流，如云阳县采用PPP模式，政府改补助为股权投资，占股份20%，社会资本投资占股份80%；二是本土线下实体店+快递配送统筹物流，如秀山成立云智速递，以“武陵生活馆”实体店为基点，实现快递包裹从县到村、从村到县1天内送达；三是引入第三方公司整合物流，如酉阳内中通、汇通、韵达等18家快递公司依托第三方配送公司，建成城乡共同配送体系等。2015年，重庆市巴渝民宿经营有限责任公司成立，专业从事巴渝民宿资源投资、开发建设、经营管理，传统巴渝民宿资源传承与保护，巴渝民宿资源项目规划、策划、设计、营销，巴渝民宿经营运行服务标准设计与运用。据公司网店显示，现已建成城口亢谷、巫溪长红村、彭水丹阳寨等巴渝民宿目的地，开工建设酉阳楠木湾、彭水花丘堡、彭水黄帝峡等巴渝民宿目的地，游客通过网络平台就可实现房间预订、导航、点评等功能。

图6-3　城口县东安镇兴田村民宿

图片来源：李人庆拍摄于2020年8月。

城口县将电商扶贫与乡村旅游紧密结合。全县1360户大巴山森林人家，185个电商综合服务站点（网上村庄），利用中国亢谷刨猪文化节、中国亢谷干果节、大巴山彩叶节等节会，建立“电商站点+贫困户”“大巴山森林人家+贫困户”“专业合作社+贫困户”等各种利益联结新模式，带动农林产品销售达上亿元。这个地处偏远山区的国家级贫困县，借势当地原生态特色农产品资源和独特生态优势，加快构建生态农业全产业链和旅游产业新格局。

图6-4 猪文化节

图片来源：李人庆拍摄于2020年8月。

第五节　小结与讨论

传统农业经济的自给自足与商品化市场化农业的根本性差异就在于其农产品市场化程度的差异。由于边远山区农户在地理区位上处于劣势，生产与消费地距离遥远，本地消费市场和容量极为有限，这就使得其农产品必须具备超过城郊地区农产品的优良特质和很高的商品价值，才有可能弥补其由地理区位造成的交通运输成本的竞争劣势，实现其商品化过程。边远山区农户收入变化是与农产品市场化程度密切相关的。

后发山区农业发展和贫困农户减贫策略一方面需要将安全有机绿色农产品作为其核心发展产品，将其原有的未开发和远离工业化地区的劣势转化为其农业发展的竞争优势；另一方面也需要通过促进乡村旅游的发展，将大城市的消费者导入在地乡村，实现引流，通过在地市场化和后续的网络经济发展实现与消费市场的对接，提高农业产品的市场化率和高附加值产品的增值收入，从而实现脱贫致富。

第七章

农产品经纪人与农产品市场化

第一节　村庄互联网扶贫状况

2015 年 6 月，东安镇启动了新建村、沙湾村和兴田村“网上村庄”村服务站建设，于 7 月建成并投入运营。至 2017 年下半年，三村服务站牵头组建了 3 个农民专业合作社，发展社员 365 户（共 957 人），其中贫困户社员 184 户（共 493 人）。服务站集散接待游客 10 余万人次，接待收入 500 余万元，销售农特产品 800 余万元，带动社员户均增收 6000 元，其中贫困户社员户均增收 2000 元。新建村服务站作为该镇第一批三个村服务站之一，由东安镇政府牵头统一配置镇、村指引牌，宣传标识和服务站外围标牌，在短时间内营造了互联网扶贫的浓厚氛围、提升了社会关注度。同时，注重解决农村电商人才缺乏的问题，引回在外从事电商十余年的创业青年作为新建村服务站负责人。在这个基础上，村委会还协助动员群众，为村庄服务站和电商平台的发展出力。

首先，在平台搭建方面，东安镇以网上村庄服务站为依托，向上联通各类电商渠道，构建开放共享的电商扶贫平台。一是嫁接区域性专业电商平台，已在网上村庄、重庆村游网、华龙百家和商小妹购等平台上开设专区。二是联通全国性大电商平台，已在淘宝、腾讯微商城、苏宁易购等大平台上开设店铺。三是融入电子商务公众服务体系，借力城口全国电商进农村试点县建设契机，东安镇已将建成的村服务站全部纳入电子商务进农村示范站点，其中两家入驻该县电子商务公众服务中心，一家承接东安镇综合服务站建设。其次，在组织和机制方面，东安镇网上村庄服务站牵头组建农民专业合作社，建立农户与服务站的利益联结机制，确立各村电商扶贫差异化发展方向，促进服务站的良性经营发展。新建村服务站组建新建众创旅游股份合作社，已发展社员 96 户 344 人，其中建卡贫困户 52 户 161 人。通过这种“公司制 + 合作制”组织模式，以合作带动贫困户和农户发展生产，并且由合作社和服务站来负责农产品后续产业链，形成了农民与市场的链接，也降低了农户生产和收益风险。最后，互联网扶贫还与乡村旅游紧密结合，将农产品销售也嵌入其中。重庆扶贫办特别采用了“乡村旅游 + 农产品”的电商交易方式，而且还不断组织和开展各类农村特色活动。据重庆市政府统计，2016 年“网上村庄”组织乡村旅游活动 100 余场次，共计 11 万辆车 60 多万城里人到贫困村消费。1000 多户贫困户参与吃、住接待和销售农产品，户均增收 2400 多元。

整体而言，重庆市和东安镇都注重互联网扶贫模式的开展，新建村服务站在政府扶持下建设、发展。村内依靠村服务站建立了中蜂、中药材合作社等。其中中蜂合作社有 500 多箱蜂，袁凯[①] 的中药材合作社共有 146 户成员，包括周边几个村的农户特别是贫困户，主要种植重楼、玄参、牛膝、独活、党参、天麻等中药材。新建村服务站已发展会员 96 户，其中

① 袁凯为新建村村民，成立了一个中药材合作社。

建卡贫困户达52户，大巴山森林人家36户。该服务站硬件设施齐备，标识标牌完善，规章制度健全，主要包括办公、服务休息和产品展示三个区域。截至2016年2月初，服务站销售额高达340余万元，帮助贫困户销售了土猪102头、腊肉2100斤、蜂蜜460斤、核桃4100斤，还包括其他土特产，如干笋等，销售额达237余万元。

第二节　乡村信息化与互联网精准扶贫

近年来，在国家的大力支持下，重庆农村面貌有了较大改观，农业发展迈上新台阶，农村居民收入持续较快增长，全市“三农”工作取得显著成效。截至2016年底，重庆已实现乡镇、行政村公路通畅率100%，农村居民的饮水水质、水量、便利程度有效提升，行政村光纤和4G网络全覆盖，农村电网供电可靠率达99.77%。2016年实现农林牧渔业总产值1968亿元，建立特色农业基地1200余万亩，林业特色产业基地1330万亩，农产品电商销售额55亿元，乡村旅游收入349亿元。但也应看到，受多种条件制约，重庆农业发展水平整体偏低，城乡发展不平衡、农村发展不充分问题依然突出，特别是贫困山区的农业、农村发展仍面临较大困难，突出表现在：一是信息不畅。受大山阻隔、交通不便、通信方式落后等因素影响，长期以来重庆贫困山区处于一种封闭、半封闭状态，当地难以及时获得经济发展必需的市场信息、科技信息、政策信息，当地群众的生产生活需求信息也不易被外界了解，这极大地限制了当地经济社会的发展。二是农业生产方式落后，产品卖难。受地理条件和土地资源条件限制，重庆贫困山区的农业生产仍以传统家庭小规模生产为主，机械化水平和社会化服务水平偏低，生产的特色农产品规模小，市场知名度低，加之受运输条件较差、物流成本较高等因素制约，当地特色农产品不能实现优质优价，卖难问题较为突出。三是农民增收困难。重庆贫困山区的农业经营效益普遍较低，土地撂荒和兼业化问题突出，外出务工创业又受到文化水平偏低、劳动技能短缺等因素制约，当地农民持续增收面临较大困难。

近年来，随着智能手机的快速普及和4G网络的广泛覆盖，我国全面进入了以移动互联网和大数据应用为标志的互联网 3.0 阶段，特别是农村信息基础设施实现了跨越式发展，电信普遍服务能力大幅提升，实现了 100% 乡镇和 93.5% 的行政村通宽带，为“互联网 +”现代农业发展奠定了坚实基础。第 40 次《中国互联网络发展状况统计报告》显示，截至 2017 年 6 月，中国网站数量达到 506 万个，网民人数达 7.51 亿，互联网普及率达到 54.3%，较 2016 年底提升了 1.1 个百分点。其中农村网民人数为 2.01 亿，占比 26.7%。手机网民人数达到 7.24 亿，较 2016 年底增加 2830 万人，占比由 2016 年底的 95.1% 提升至 96.3%。使用电视上网的比例为 26.7%，较 2016 年底增长了 1.7 个百分点。使用台式电脑、笔记本电脑、平板电脑上网的比例分别为 55%、36.5%、28.7%，较 2016 年底分别下降 5.1 个、0.3 个和 2.8 个百分点。

移动互联网摆脱了宽带、光纤的限制，使贫困山区打破了物理空间对信息传播的限制，实现了信息化建设的弯道超车，山区群众正在迅速成为信息的消费、生产和受益主体，为山区电商产业跨越式发展及“互联网 +”山地农业发展创造了条件。2017 年 9 月，全国农村电商精准扶贫经验交流会在贵阳召开，国务院副总理汪洋出席会议并讲话强调，电商扶贫是精准扶贫的有效抓手，也是利用新技术新模式助推脱贫攻坚的创新举措。电商扶贫要始终以建档立卡贫困人口脱贫为目标，积极引导贫困群众融入电商产业链条，更多分享产业增值收益。要遵循市场规律和电商发展规律，鼓励各类市场主体利用电商开展扶贫，引导合作社、家庭农场、龙头企业等新型经营主体带动贫困农户参与电商，推进电商扶贫与贫困地区产业融合发展。要加强规划引领，加大政策支持力度，补齐基础设施短板，推进标准化建设、品牌培育和认证追溯，建设农产品网络销售绿色通道，着力培养懂电商、懂扶贫的专业人才，提升电商扶贫发展水平。要强化统筹协调，促进政府、市场、社会协同发力，产业链各环节密切衔接。地方各级政府要加强组织领导，为电商扶贫创造公平竞争、可持续发展的良好环境。

在政策方面，近年来党中央、国务院及相关政府部门高度重视互联网与实体产业的融合发展，制定实施了一系列重大政策，为重庆贫困山区互联网助推农业发展提供了重要指引。

2015年，国务院印发《关于积极推进“互联网+”行动的指导意见》，将“互联网+”现代农业发展作为重点工作之一。2016年4月，农业部等八部门联合发布《“互联网+”现代农业三年行动实施方案》，指出“互联网+”现代农业是顺应信息经济发展趋势、补齐“四化”短板的必然选择，并从农业电子商务、农产品质量安全、农业信息服务、农业农村大数据、美丽乡村等11个方面指明了互联网与现代农业融合发展的方向和路径，提出了实施农业物联网区域试验工程、农业电子商务示范工程、信息进村入户工程、农机精准作业示范工程、测土配方施肥手机信息服务示范工程等重点工程。

2016年11月，国务院扶贫办等16部门出台《关于促进电商精准扶贫的指导意见》（国开办发〔2016〕40号），提出到2020年在贫困村建设电商扶贫站点6万个以上，扶持电商扶贫示范网店4万家以上，贫困县农村电商年销售额比2016年翻两番以上。制定了加快改善脱贫地区电商基础设施、深入推进电子商务进农村综合示范、加大脱贫地区电商人才培训力度、加强东西部电商扶贫产业对接协作、动员社会各界开展消费扶贫活动等政策举措。

2016年11月23日，《国务院关于印发“十三五”脱贫攻坚规划的通知》（国发〔2016〕64号）提出，将农村电子商务作为精准扶贫的重要载体。积极培育农村电子商务市场主体。发挥大型电商企业的孵化带动作用，支持有意愿的贫困户和带动贫困户的农民专业合作社开办网上商店，鼓励引导电商和电商平台企业开辟特色农产品网上销售平台，与合作社、种养大户建立直采直供关系。加快物流配送体系建设。引导电商平台企业拓展农村业务，加强农产品网上销售平台建设。实施电商扶贫工程，逐步形成农产品进城、工业品下乡的双向流通服务网络。加快推进适应电子商务的农产品质量标准体系和可追溯体系建设以及分等分级、包装运输标准制定和应用。

2017 年中央一号文件再次明确提出推进“互联网 +”现代农业行动。2017 年 8 月，商务部、农业部印发《关于深化农商协作　大力发展农产品电子商务的通知》，提出了开展农产品电商出村试点、打造农产品电商供应链、推动农产品产销衔接、实施农村电商百万带头人计划、提高农产品网络上行的综合服务能力、强化农产品电子商务大数据发展应用、大力培育农业农村品牌、健全农产品质量安全检测和追溯体系、开展农产品电子商务标准化试点、加强监测统计和调查研究等十项重点任务。

近年来，重庆市委、市政府也制定实施了一系列政策举措，推动互联网与现代农业的融合发展。

2015年6月，重庆市委、市政府审议通过了《重庆市探索信息化助推农业农村发展机制改革实施方案》（渝府发〔2015〕39号），提出了实施农村信息化基础设施建设、数据资源体系建设、农村信息服务体系建设、农村电子商务、农村公共服务信息化、农村生产经营信息化、农村社会管理信息化、农村信息化人才支撑等八项重点工程，为重庆互联网与现代农业融合发展创造了有利条件。

2015年12月，重庆市人民政府办公厅印发《重庆市"互联网+"行动计划》（渝府办发〔2015〕210号），将"互联网+"现代农业列为重点任务之一，明确提出：开展农业物联网生产智能化应用试点示范，实施智能节水灌溉、精准施肥、庄稼医院等智慧农资工程和精准生产、智能控制、农机定位耕种等信息化工程。建设重庆农副产品质量安全追溯与监管服务平台，实现农副产品从田间到餐桌的全程溯源信息透明化。整合"12316"、"12121"、"12582"、"12396"、农业新时空、重庆兴农网、全域重庆等涉农信息网站、农业服务热线和农业数据平台资源，统一打造跨平台的农村互联网门户网站及App应用体系，形成整体联动的一体化服务窗口。打造重庆农村信息化数据资源云计算平台，建设集农业自然资源、生产经营、社会保障、法律法规和标准规范等内容于一体的基础数据资源库，建设农村信息化综合服务平台，实现各部门涉农信息的无缝对接。实施农业信息进村入户及服务体系建设工程，培育互联网引领的休闲农庄、绿色农业、观光农业新业态。

2016 年 6 月，重庆市人民政府办公厅印发《关于全面推动农村电子商务发展的实施意见》（渝府办发〔2016〕137 号），提出按照全面建成小康社会目标和新型工业化、信息化、城镇化、农业现代化同步发展的要求，深化农村流通体制改革，创新农村商业模式，培育和壮大农村电子商务市场主体，加强基础设施建设，完善政策环境，加快建设线上线下融合、覆盖全程、综合配套、安全高效、便捷实惠的现代农村商品流通和服务网络，全面推动农村电子商务发展。

2017 年 11 月，重庆市人民政府办公厅印发《重庆市深化实施电子商务扶贫行动方案》（渝府办〔2017〕33 号），制定了到 2020 年扶持电子商务扶贫示范网店 500 个以上、贫困地区农产品网络零售额年均增长 25% 以上、实现农村电子商务公共服务体系全覆盖等发展目标，并提出了相应的政策举措：发展“电子商务 + 带头人 + 贫困户”“电子商务 + 农民合作社 + 贫困户”“电子商务 + 龙头企业 + 贫困户”的带动脱贫新模式，建设具备集货、中转、检测、分选、加工、冷藏、配送和信息平台等功能的产地集配中心，建立电子商务农产品从生产、流通到消费的质量追溯体系，引导支持市内外知名电子商务企业与 18 个深度贫困乡镇建立长期紧密的帮扶关系，开展农产品电子商务出村试点，鼓励农产品批发市场、超市、农贸市场、社区菜店等依托电子商务网络发展线上线下结合的销售模式，引导新型农业经营主体与村邮站、快递网点、城市末端公共取送点和社区对接，开展生鲜农产品“基地 + 社区直供”电子商务业务，支持电子商务企业到贫困地区建设网货生产基地，针对贫困地区具有一定数量规模的特色农产品开展“聚划算”、“重庆 6 · 18 电商日”和腊肉节、年货节等促销活动，开展土猪、土鸡、土鸭等农特产品网络预售、认购包销、贴牌定制和网上义卖，等等。

第三节 “网上村庄 + 消费扶贫”：渠道 + 服务 + 电商产业链

“网上村庄 + 消费扶贫”模式是近几年针对贫困农村的一种新型扶贫模式。它依托互联网的发展，将村庄以及农产品等进行市场化，依靠市场的开拓和消费来实现农村的发展和农户收入的增加。

网上村庄通过签约农户和服务站打造线下供应体系，同时建立产品上线和产品供应标准，保障供应链，实现农产品流通，并且进行产品推广营销，建立长效供需关系。该模式主要有三大运营模式：一是（远山结亲）农产品家庭会员制体系；二是精品农产品 B2C 体系；三是精品农产品 C2C 体系。（远山结亲）农产品家庭会员制体系是以签约合作供应农户和远山结亲会员（主要以单位和家庭的形式）为主体，通过村级服务站和县域运营中心等协调合作，在网上村庄农产品电商平台进行运营的模式。在该模式中，生产者和消费者都是确定的，依靠网上村庄农产品电商平台，构建了农产品流通渠道，实现了供应—需求之间的完整衔接。该运营模式既考虑到供应方农户本身的能力和产品，同时又能照顾到需求方的要求；互联网和物流渠道的配合是该模式成功运营的基础。网上村庄将农户信息化，收集农户基本信息、生产资料、供应农产品信息等。而且在签约农户家庭张贴供应农户专属供应标识，为每个签约农户单独生成可追溯的独家二维码，实现农户产品可追踪的目标。农户方面也能根据平台需求拓展工作，与生产农户签订合作协议。

而精品农产品 B2C 体系则是筛选出优质农产品供货商，在网上村庄农产品电商平台来吸引消费者，打开优质农产品的市场。相较于前一经营模式，消费者并不是确定的，农产品的质量和品质等更为突出，市场也是依赖于农产品本身。

精品农产品 C2C 体系是以网上村庄村级服务站为供应主体，将服务站收集的农产品在网上村庄农产品电商平台上销售。

第四节　网上村庄组织模式

在三种运营体系下，网上村庄呈现三级分工管理或组织模式——由网上村庄总部、县域级运营中心和村级服务站组成。网上村庄总部主要负责标准运营模式培训输出、平台营销宣传推广、平台技术研发及优化和平台运营辅导及支持等；县域级运营中心则是需要拓展、指导、管理下级体系，打造并宣传精品乡村旅游线路，负责乡村旅游活动线下执行工作和网上村庄县级运营中心运营管理工作，以及县级物流中心运营管理工作等；村级服务站则是主要负责远山结亲和B2C精品农产品归集和中转、本村农产品整合并在网上村庄店铺在线销售和乡村旅游活动现场销售，以及辅助县域级运营中心开展本村的乡村旅游活动。而在这三级分工后，有可能还与村庄周边农家乐相联系。

县级运营中心在网上村庄运营和物流中转中起着至关重要的作用，是整个供应链中的一环。县级运营中心对下负责村级服务站，对上由网上村庄协调、对接消费者。县级运营中心团队建设标准见表7-1。

表7-1　县级运营中心团队建设标准

职位	人数	工作要求
总经理	1人	全面负责区县级运营中心管理、执行工作
编辑专员	1人	负责本区县内农家乐、服务站、农产品的资料编辑及上传工作

续表

职位	人数	工作要求
策划专员	1人	负责本区县内乡村旅游活动策划工作
执行专员	1人	负责本区县内乡村旅游活动执行工作
市场专员	3人	负责本区县内农家乐、服务站的拓展、维护、管理等市场工作

硬件标准如表7-2所示。

表7-2 县级运营中心硬件标准

建设项目	要求
办公场地	要求具有150平方米左右的独立办公场地
办公电脑	5~7台适用于办公的电脑
打印机	1台，用于日常文件的打印
投影仪	1台，用于区县内部培训及项目讲解
多媒体机	1台，用于平台展示
VI标识	按照网上村庄总部要求统一进行VI标识设计

在初期发展之后，县级运营中心进行拓展时，需要在服务站达到20个的条件上，进行农家乐整合、签约农户整合以及农产品上线等。

村级服务站是整个网上村庄运营和发展的奠基之石，是网上村庄市场的供给方。根据村庄拥有资源的情况分类，服务站可以分为三种类型：第一种是该村级服务站具备乡村旅游接待资源和农产品销售资源；第二种是其具备乡村旅游接待资源，但不具备农产品销售资源；第三种则是不具备乡村旅游接待资源，但具备农产品销售资源。针对不同类型的服务站，其创建的工作要求也是不一样的。第一种服务站首先要确保村庄内农家乐信息化并实现在线订房的功能，将乡村旅游资源线路信息化；同时要保障农产品商品化并实现在线销售，建设第三方物流配送，努力打造精品农产品生产体验中心。这既保障了旅游业能够得到更好的发展又有助于农产品的市场化，利用信息化推动乡村的市场化和产业化。第二种服务站则注重旅游资源的开发，在将信息化引入农家乐的同时将其他农产品销售端口植入本村所有农家乐，来打造精品农产品生产体验中心。而第三种服务站则是将村庄农产品商品化和信息化，建立本村农产品网上村庄店铺来实现在线销售，覆盖第三方物流配送，并且将本村农产品销售端口植入其他乡村旅游线路中和其他生产体验中心。后两种服务站是相互合作的，将双方优势资源互补，共促发展。村级服务站也能根据平台的需求完成村级服务站拓展工作并签订合作协议。而其主要工作内容是对签约村级服务站进行店铺管理、产品编辑、订单处理、营销功能使用、数据统计、资金结算等后台操作培训，并将村级服务站管理后台移交给服务站工作人员；根据产品上线标准审核服务站产品上线，上线完成后，制定平台推广营销方案以指导服务站全面开始运营。

第五节　小结与讨论

“互联网＋”助推现代农业发展的本质是以现代信息技术改造传统农业，提高农业资源配置效率，加快农业科技进步及推广应用，优化农业生产组织方式，拓展农业市场空间，丰富农业功能，降低农业生产的劳动强度，提升农业效益。与传统的工业化农业发展思路相比较，“互联网＋”现代农业使农业回归其以人为本的生产本质，彰显了农业本来价值，对于推动乡村振兴和实现城乡一体化发展具有重大意义。

一　“互联网＋”现代农业开创了大众参与的农业“众筹”发展模式

“互联网＋”现代农业发展能够促进农业生产经

营各领域的专业化分工，提高组织化程度，降低交易成本，优化资源配置，提高劳动生产率，推动产业模式创新，是实现小农经济背景下我国农业农村现代化的有效抓手。“互联网+”现代农业通过便利化、实时化、感知化、物联化、智能化等手段，为农地确权、农村金融、农村管理、农技推广等提供精确、动态、科学的全方位信息服务，是我国现代农业跨越式发展的新引擎。

二 “互联网+”现代农业推动智能农业和农村信息服务迈上新台阶

以互联网技术应用为核心的智能农业能够实现农业生产全过程的信息感知、智能决策、自动控制和精准管理，可以使农业生产要素的配置更加合理化，使农业生产经营的社会化服务更有针对性，使农业的生产经营管理更加科学化，是今后我国现代农业发展的重要特征和基本方向。“互联网+”现代农业能够集成智能农业技术体系与农村信息服务体系，具有打破信息不对称、优化资源配置、降低公共服务成本等优势，低成本地把城市公共服务辐射到广大农村地区，为实现文化、教育、卫生等公共稀缺资源的城乡均等化构筑新平台。

三 “互联网 +”现代农业提升国内外两个市场与两种资源统筹利用水平

“互联网 +”现代农业基于开放数据、开放接口和开放平台，构建了一种“生态协同式”的产业创新，对于消除我国农产品市场流通所面临的国内外双重压力，统筹我国农产品国内外两大市场、两种资源，提高农业竞争力，提供了一整套创造性的解决方案。

四 “互联网 +”现代农业助力农业农村“六次产业”融合发展

“互联网 +”现代农业以农村一二三产业之间的融合渗透和交叉重组为路径，加速推动农业产业链延伸、农业多功能开发、农业门类范围拓展、农业发展方式转变，为打造城乡一二三产业融合的“六次产业”新业态提供信息网络环境支撑。

五 “互联网+”推动形成农业科技大众创业、万众创新新局面

以互联网为代表的新一代信息技术为确保国家粮食安全、确保农民增收、突破资源环境瓶颈的农业科技发展提供了新环境，使农业科技日益成为加快农业现代化的决定力量。基于“互联网+”的“生态协同式”农业科技推广服务平台，将农业科研人才、技术推广人员、新型农业经营主体等有机结合起来，使农业农村领域的“大众创业、万众创新”更有可能取得实实在在的成效。[①]

在城口县域下的几个村庄包括新建村在内，互联网给村民带来了新的机遇和发展。互联网使得村民在家就可以实现农产品的市场化，甚至可以精准对接需求者的商品要求等。另外，互联网也为农户提供了各种市场信息，在一定程度上让农户拥有较大的主动权与市场优势。但是，明显的是，互联网扶贫工程的开展还有待继续，它整体上对农村以及农户家庭的收入贡献还是有限的，故而并没有真正起到助推农村实现

① 《“互联网+农业”的十大方向你知道吗？》来源于：https://www.jdoo.cn/news/i1707.html。

产业化和市场化的效果。就新建村而言，村中的青壮年大多外出务工，村庄还是呈现萎缩的趋势。继而言之，村庄中人群的年龄结构两极化，对互联网的认识以及操作都是非常有限的，这也从另一角度限制了农村互联网扶贫的成效。

第八章

互联网助推农业发展的问题

受基础设施、产业基础、人力资源、市场环境等多种因素制约，当前重庆贫困山区互联网与农业的融合发展整体尚处于起步阶段，互联网助推当地农业转型升级的作用发挥较为有限。受地形、资金、人力、物力等各种因素所限，现阶段互联网农业的发展还存在一些缺陷，主要表现如下。

第一节　重庆贫困山区的信息、交通等基础设施仍较薄弱

从城乡对比来看，尽管近年来广大农村地区的信息基础设施有了较大改善，农村互联网普及率持续提升，但城乡差距仍然较大。目前，我国农村互联网普及率仍低于城镇35.4个百分点，农村互联网市场的发展难度依然较大，城乡居民利用互联网开展商务交易、支付、新闻资讯等活动差异较大，特别是农村居民的网上外卖使用率比城镇居民低26.8个百分点。[①]从区域比较来看，据中共中央网络安全和信息化领导小组办公室、中华人民共和国国家互联网信息办公室网站刊载发布的《中国互联网发展报告2017》总论显示，重庆互联网发展指数综合得分为27.57分，排全国31个省区市的第17位，落后于四川（第7位）、湖北（第10位）、陕西（第13位）等周边省份。在农村公路建设方面，重庆目前虽实现了乡镇、行政村公路通畅率100%，但还有一些撤并村、有大量村民小组未实现公路通达、通畅，重庆农村公路通达水平

① 参见第40次中国互联网络发展状况统计报告。

还低于邻近的贵州省，重庆贫困山区互联网与农业的融合发展尚缺少有力的交通保障。重庆市政府 2017 年 12 月公布的《重庆市农村小康路建设三年行动工作方案》显示，到 2020 年，全市将实施 10056 个未通达村民小组通达工程，建设里程 2.11 万公里，全市村民小组公路通达率达到 100%；实施 20738 个未通畅村民小组通畅工程（水泥或沥青混凝土路面），建设里程 4.15 万公里，全市村民小组公路通畅率达到 80%。可见，当前重庆的农村公路仍是影响全市经济社会发展的明显短板，未来几年全市农村公路建设的任务依然艰巨。

第二节　移动端互联网公共信息服务平台建设滞后

近年来，市农委、市商务委、市国土房管局等部门依托互联网，围绕农业技术服务、批发市场农产品价格、食用农产品质量追溯、农村产权流转等方面建立起了较为完善的农村公共信息服务体系，为全市农业农村发展发挥了积极作用。但存在的突出问题是，这些公共信息服务平台主要都是基于PC端开发建设，较少开发建设移动互联端的公共信息服务平台，难以满足农村居民越来越偏好使用智能手机上网的消费需求。如市商务委网站的各个公共信息服务版块均未见专门针对移动端开发的App，也未提供相应服务的微信公众号，服务便利性上有所欠缺。市农委主办的重庆农业农村信息网虽提供了12316快讯、特产宝、数据参考、农企宝等移动端App二维码，但在下载使用过程中总存在各种各样的问题，不能很好发挥其应有的作用，只有重庆农业微门户App能正常运行，且信息更新较为及时。市城乡建委官网上未提供任何移动端App链接，也未见任何微信公众号二维码，在服务移动互联网用户方面存在明显不足。市交委在移动互联网公共信息服务平台建设上相对较好，其官网上提供了重庆交通App和联网售票（愉客行）App的二维码，都可以通过手机扫描、下载、安装并正常运行，为移动互联网用户了解全市交通出行相关信息提供了便利。

第三节　农产品质量追溯体系建设运行效果不佳

由市农委负责建设的“重庆市农产品质量安全追溯综合管理信息平台”项目虽已历时两年多，但仍未上线运行。与此相比较，由四川省农业厅、四川省农产品质量安全中心、四川省绿色食品发展中心主导建设的四川省农产品质量安全追溯系统已正式运行多年，并成为农业部主导建设的全国农产品质量安全追溯体系的试点单位，成效明显。由市商委创办的重庆市肉类蔬菜流通追溯管理平台虽已正式运行多年，但目前存在市场参与主体偏少、报送数据质量偏低、作用发挥不充分等突出问题。市商务委公布的《关于11月份肉菜流通追溯体系运行考核情况的通报》显示，2017年11月，重庆市肉菜流通追溯体系试点考核单位共上报数据142.5万条，环比下降1.61%。可合成追溯链条26.6万条，环比下降8.9%。其中，团采、双福农贸城、黄桷坪菜市场、永辉壹街购物中心店无数据上报。一些试点单位（主要是超市、屠宰场）虽上报了数据，但未达到考核要求的天数。

第四节　农村电商的引领带动作用偏弱

尽管近年来重庆发展农村电商的氛围较浓，也涌现出了一些成功案例，但从整体上看，目前重庆农村电商的发展水平仍然偏低，对贫困山区农业发展的引领带动作用偏弱，突出表现在：一是本土涉农电商平台企业实力不强，能够实现盈利和可持续发展的电商平台较少。在重点跟踪的本土 87 个涉农电商平台中，仅 2017 年就有近 20 家转型或停止运营。其中一些涉农电商平台已经退市无法访问，如云买乐、礼兜兜、奉节网上商城等。一些平台已经放弃经营农产品品类，如第三城、掌上云阳等转型为区域生活消费信息服务。一些平台已停止信息更新，如世纪购、奇易网等。二是全国知名涉农电商平台更多关注工业品下乡，在带动重庆农产品“上行”方面作用发挥不够。相关研究 2017 年监测数据表明，在淘宝网的三个重庆特色馆上，云阳馆 20 个 SKU 中有 14 个 SKU 月销售额为 0（或者链接已失效、商品已下架），奉节馆 30 个 SKU 中有 18 个 SKU 月销售额为 0，丰都馆 16 个 SKU 中有 10 个 SKU 月销售额为 0。京东发布的扶贫报告显示，2016 年在重庆开设各种扶贫性质的特产馆 5 家（含 4 个贫困县），2016 年带动 5 县实现农特产品上行销售约 400 万元，占京东 2016 年实现扶贫农产品销售额 200 亿元的万分之二。另外，重庆扶贫办发布的调研报告显示，邮乐购渝东北现已建成的 200 余个服务站中 90% 都未开展农产品电商上行服务。三是涉农网店、服务站点发展水平差异化明显，多数涉农电商经营主体竞争力弱，盈利水平低。数据显示，2017 年第四季度，天猫平台上能正常运营的本土农产品网店数量仅 107 家，比第一季度减少 30 家。京东平台上能正常运营的本土农产品网店仅 48 家，比第一季度减少了 7 家。苏宁易购平台上能正常运营的本土农产品网店数量仅 17 家，比第一季度减少了 12 家。课题组在云阳调研发现，当地建立的 300 个村级电商服务点中，仅有 1/3 左右的站点经营较好，有 1/3 左右的站点仅能维持经营，有 1/3 左右的站点已停止经营。

第五节　配套政策体系不尽完善和科学

尽管近年来各级政府部门都对农业农村信息化

建设、“互联网+”现代农业发展、电商扶贫等工作给予了大力支持，并制定实施了相应的政策文件，但从实施效果及相关主体的反映来看，一些配套支持政策不尽科学合理，未能发挥出应有成效。一是政府的相关补贴政策未能将农业农村互联网、物联网硬件建设囊括在内。据市农委相关处室领导介绍，目前重庆实施的农机具购置补贴商品目录不包括农业农村互联网、物联网建设所需的网络服务器、传输介质、网络终端设备、摄像头、传感器、智能控制系统等，农民及新型农业经营主体在购置互联网、物联网的相关设施设备时面临较大的资金压力。二是财政支持项目的经费预算、审计不尽科学合理，项目实施难度大，相关市场主体争取项目支持的积极性不高。课题组于2017年9月到市扶贫办与相关处室领导及部分电商企业负责人座谈时了解到，由于现在财政支持项目的经费用途管制和验收审计越来越严，有些支出的票据要求很难实现，导致一些企业承担的电商扶贫项目虽然项目建设任务早已完成，却无法结项，一些企业经营者明确表示在现在的政策环境下不愿再争取和承担政府支持项目，弄不好就会把自己套进去。三是政府支持相关市场主体的方式不尽合理，容易导致市场扭曲和引发腐败。如城口县某镇村在开展精准扶贫信息化系统试点过程中，让当地150户贫困户与15家柴火鸡农家乐结成帮扶对子。政府要求农家乐以每斤35元的价格从贫困户手中收购散养鸡，政府再对农家乐经营者按收购量给予一定补贴。此举虽在短期能产生明显的扶贫成效，却是以政府指令价格取代了市场竞争定价，且完全未考虑市场价格波动因素，既可能出现贫困户利用价差进行牟利行为，也可能出现贫困户与农家乐合谋套取政府补贴行为，导致市场竞争不公平，财政支持难以持续。四是政府的相关部门之间各自为政问题较为突出。一些区县、部门在招商引资和项目建设上竞争多于合作，各地平台建设低水平重复，部门之间的农业农村数据资源分割严重，利用效率低，信息技术在农业领域的应用大多停留在试验示范阶段，难以大面积推广应用和转化为现实生产力。五是财政支持资金使用范围的"禁区"设置不合理。现行的农村电商扶持政策视涉农互联网企业为传统农业产业，基本沿用农业产业化扶持政策，重点支持仓储、物流等基础设施建设环节，明文规定财政资金不支持网络交易平台建设，把互联网企业在人力资源开发、智慧智力投入和品牌推广等主要方面的支出列为财政资金支持的“禁区”，财政支持未能充分发挥支持涉农互联网企业发展的作用。

第六节 小结与讨论

对于现阶段“互联网 +”农业的发展，一方面通信网络基础设施建设要不断加强，为贫困山区构建更高速的无线宽带网络环境；另一方面要加快建设覆盖贫困山区的农业信息大数据平台，为农业参与主体作出正确决策提供保障，特别是生态环境数据、农资采购数据、农产品价格数据、土地流转数据、农产品质量可追溯数据及经营者征信数据采集、整理、挖掘和有效利用，可实现农业生产的精准化和智能化，助推农产品供给侧结构性改革。

“互联网 +”农业的发展还需要政府和政策的大力支持，扶持当地农民，筛选农村优秀领头人，协助农村和农业发展。

第九章

多功能农业发展与农民增收脱贫

第一节 互联网助推贫困山区农业发展的内在机理

“互联网+”连接一切的本质属性将打通重庆贫困山区与外界的信息连接，解决贫困山区面临的信息不畅、信息孤岛、信息静态及信息不对称等问题，并通过互联网、大数据、电子商务将山区原始生态高品质特色农产品推向全国乃至全球。同时，借助互联网、电商平台，还可以吸引外界消费者深入重庆贫困山区畅游原始生态美景、参与农耕文化体验，构筑山地特色农产品消费新场景，实现山区特色农产品生产者与都市高品质农产品消费者、乡村旅游体验者的直接对接，减少中间环节，提升产业发展效益。具体来看，互联网助推重庆贫困山区农业发展的内在机理主要体现在以下四个方面（见图 9-1）。

一是基于互联网、大数据应用及农村电商发展，破除重庆贫困山区信息不畅问题，实现产品、技术、资本、劳动力供需信息的精准匹配，从而为当地特色产业发展创造有利条件。

二是基于互联网、大数据应用及农村电商发展，破除重庆贫困山区信息静态问题，实现政府扶贫政策、企业帮扶项目和个人脱贫努力的动态调适，从而为当地贫困群众自主创业就业创造条件。

三是基于互联网、大数据应用及农村电商发展，破除重庆贫困山区信息孤岛问题，实现产业发展、基础设施建设、社会事业发展与乡村社会治理的多维协同，从而为当地经济社会事业发展的整体突破创造条件。

四是基于互联网、大数据应用及农村电商发展，破除重庆贫困山区信息不对称问题，实现贫困户、非贫困户、农民合作社、龙头企业、专业大户、家庭农场等相关利益主体之间的激励兼容和共享多赢，从而为当地贫困群众的持续脱贫创造条件。

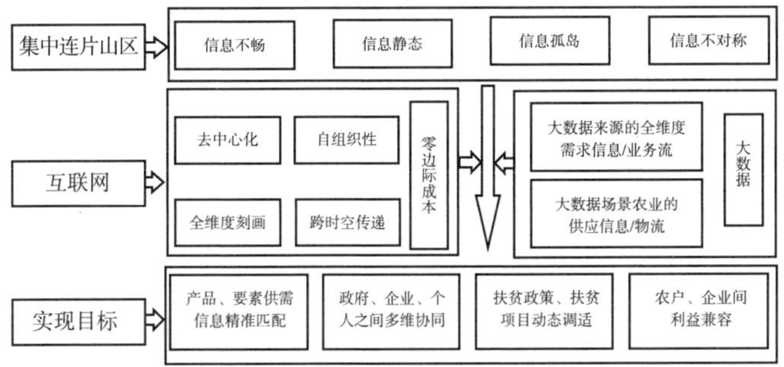

图 9-1　互联网助推重庆贫困山区农业发展内在机理示意

第二节　城乡一体化中城乡消费结构依赖关系

在城乡一体化发展中的一个痛点在于由产销的地理区隔和生产与消费的信息不对称所导致的农产品产销不对路、滞销和无效农业生产，这不仅使农户无法通过生产实现脱贫致富，反而还会造成资产和投入损失。农户种植销售相对分散，自己决定种植品种，无法形成销售优势。农产品市场波动对于小农生产具有摧毁性影响，如何形成长期稳定和有效的农产品市场，是后发地区农业发展要解决的核心首要问题。要解决小农与大市场之间的矛盾，就需要一系列有效的公共和产业政策来实现供销的有效对接，从而实现贫困山区的资源向资产和价值转换。其中通过发展乡村旅游将景区客源引入农家乐，实施农产品后备厢计划，实现生产者与消费者的对接，进而通过产销直接对接有效地建立稳定的城乡生产消费关系，这对于促进贫困地区农业发展和产业融合以及脱贫致富可发挥积极的作用。

从乡村旅游到农产品电商的市场化过程，避免了原来通过产品导入大城市消费者的运输品牌和物流成本及风险，通过乡村旅游导入的客源不仅成为乡村旅游体验的消费者，也成为其宣传者，也是其产品的检验者。这种参与式体验式经济极大地促进了贫困山区农产品的市场化，大大提高了农户生产的积极性和主动性。加之后续的网络经济手段，实现了原有农产品的远程销售和市场化开发，促进了农户收入增长，实现了精准扶贫。这其实拉近了小农与大市场之间的距离，破除了信息孤岛，由游客亲身参观农村和体验农产品。另外，农户在这一过程中也通过游客感知到他们的消费需求，反向推动农产品商品化。

第三节　小结与讨论

实现农旅融合发展是实现农业产业链和价值链延伸、实现农业发展的一个基本举措。贫困山区的产业融合和价值链增值需要找到与之相适应的方式。通过发展乡村旅游和农产品电商，有效地实现了偏远山区多功能农业和精准扶贫发展的有效对接，对于促进农业和非农化发展以及精准扶贫都起到了积极显著的作用。

通过“互联网+”的发展，着力解决现阶段小农与大市场之间的矛盾。以新的发展形态来应对小农“分散”及随之而来的“脆弱”问题，真正让农户在现代化过程中游刃有余，摆脱贫困。

第十章

结论和讨论

互联网作为一种新技术手段已成为当今农业产业转型发展和促进产业融合扶贫的新动能，在促进农业产业结构调整和供给侧改革中发挥着重要的作用。农业与互联网的深度融合是大势所趋，也是我国农业摆脱落后现状、实现跃迁式发展的必然。农业产业链的重塑，使农业经济与我国整体经济发展相协同，推进“新四化”战略目标的落地。互联网、物联网等新型信息化技术在农业领域的渗透和应用，重塑了以往的农业生产组织方式和产业形态，推动农业发展步入全新的3.0时代。所谓农业3.0就是借助互联网、物联网等信息化技术，打造以农产品为纽带，实现生

产、交易、流通和金融等农业产业要素一体化的“订单式”产销模式，实现“按需订制”。如何将“互联网+”这个新技术转化为促进新建林果业发展的新动能是本项研究的核心命题。互联网作为一项新技术手段已成为农产品营销的一个重要渠道和方式，在促进城乡融合发展和农产品流通上发挥着越来越大的作用。但与此同时，我们也看到，要使这一技术充分发挥作用，只有通过它与传统农业的有效结合、衔接才行。而要尽早尽快地发挥这一作用，仅仅依靠市场自身或者自发的力量是远远不够的，需要发挥政府产业政策的引导和扶持功能，促进和加快其发展进程，扩大其发展效能和效果，使其能够成为促进农业产业结构调整和城乡融合发展的新动能。随着国内互联网环境的不断优化完善，政府越来越重视从顶层设计上引导互联网在农业领域的应用，通过政策、制度等方面的支持，充分发挥互联网在农资流通、农村物流、农业信息化、农产品交易、农业信息获取和共享等方面的巨大价值。

政策红利的引导以及农业市场本身巨大的商业价值，吸引了越来越多的社会力量布局农业领域。农资电商平台、农业物联网系统、农产品溯源管理、农产品电商等从产品生产到金融服务的各个方面都涌现出众多的互联网服务形态，推进了农业的互联网化转型升级。2015 年初政府提出的“互联网 +”行动计划，推动了互联网在各个领域的深度渗透与融合。在农业领域，打造“互联网 + 农业”的创新模式，有利于提升农业产业的智能化、信息化水平，实现农业生产运营的优化，加快农业现代化进程。深度融合应用互联网，通过“互联网 +”重构传统农业生态圈，对生产、流通、经营、金融服务和人才培养等农业产业链各环节进行再造，有利于优化农业全产业链流程，提升农业运营效率和质量，为传统农业转型发展和精准扶贫提供发展新动能和新业态。

电商扶贫工程是国务院扶贫办确定的“十大精准扶贫工程”之一。重庆自 2012 年开始启动该项工程，已初步探索出一条“村游网平台 + 电商扶贫村（网上村庄）+ 贫困农户”的特色电商扶贫模式，取得了一定的扶贫成效。但课题组在研究中发现，当前重庆在推进电商扶贫工作中尚存在两方面的突出问题：一方面是扶贫部门力量较弱，支持构建的扶贫电商平台知名度偏低，线下网点覆盖面偏窄，配套服务体系不健全；另一方面是商委、农委、经信委、供销社等相关部门力量分散，各自支持建设的涉农电商平台之间竞争多于合作，扶持的范围既交叉重复又有盲点死角。为此我们建议，增强扶贫部门的主体责任，明确相关政府部门的协助责任，建立扶持资金使用的统筹协调机制，共建全市电商扶贫数据库，协同推进重庆电商扶贫工作。

第一节　存在的问题

一　扶贫部门推进电商扶贫工作力量偏弱

近年来，市扶贫办在推动电商扶贫工作方面投入了大量人力物力，搭建了专门的电商扶贫网站——重庆村游网，实施了“网上村庄”——电商扶贫村建设，对考评合格的电商扶贫组织给予营运补贴。但从整体上看，目前全市扶贫部门推进电商扶贫工作的力量偏弱，导致电商扶贫工作存在三个方面的突出问题。

一是平台知名度偏低。用 ALEXA 网站排名查询工具查询得知，目前重庆村游网的全球综合排名为

3731265位。与之相比较，陕西村游网、湖北村游网的全球综合排名分别为1338292位和3220070位。重庆村游网的全球综合排名低于同类电商平台陕西村游网和湖北村游网。

二是"网上村庄"的覆盖面偏窄。为解决贫困户与村游网的对接问题，重庆市扶贫办自2015年5月开始启动了"网上村庄"建设，通过合作社形式组织带动贫困户上网销售农特产品和经营农家乐。尽管目前奉节县已建成友谊、三桥等6个网上村庄，彭水、城口、酉阳、南川已分别建成3个、6个、9个、3个网上村庄，但网上村庄数量与全市10多个贫困区县、数以千计的贫困村的体量不符。即便是按市扶贫办的规划目标，到2018年，全市建成"网上村庄"扶贫电商200个，其占全市贫困村的比重仍然很低，对全市电商扶贫的支撑带动作用较为有限。

三是配套服务体系不健全。课题组在城口县东安镇一个电商扶贫村通过实地调查了解到，通过培育、帮扶，当地部分农户已能熟练使用微信、微店进行农特产品销售，也有了一定的网络知名度，但存在的突出问题是物流问题，当地村镇都没有快递企业，发给顾客的货品需自己想办法送到县上的快递公司，时间长，成本高，影响了农户的经营效益和积极性。另据重庆村游网相关负责人介绍，目前由于线下经营实体的服务能力跟不上，部分经营者的服务水平难以满足客户需求，公司目前不太敢进行大规模的网站推介营销工作，平台建设进展因而受到较大制约。

二 相关部门推进电商扶贫工作的力量分散

近年来，市商委、市农委、市经信委、市通信管理局、市供销总社等部门都在从各自工作角度积极推进农村电商发展。如市商委在秀山、酉阳等8个区县开展全国电子商务进农村综合示范县建设，市农委确定荣昌、梁平为全国农业信息进村入户试点区县，市供销总社确定忠县、秀山、巫山、綦江四区县为全国供销系统电商发展示范县，市通信管理局在全市推进宽带乡村建设。这些工作既有助于贫困农户方便快捷地购买到经济实惠的生活日用品和农资，也有助于贫困农户开展网上销售或参与到电商产业链的某个环节，与市扶贫办主推的电商扶贫工作目标一致。只是目前相关部门之间缺乏有效的沟通衔接机制，导致各部门在推进电商扶贫工作上力量分散，部分区县的农村电商发展对当地贫困农户创业增收的带动作用有限。

一是各个涉农电商平台之间的竞争多于合作。目前，市农委支持创建了重庆农产品产销对接平台，市供销合作社支持创建了重庆农产品电子商务平台、重庆土特产交易中心电子交易平台，市商委与阿里巴巴、苏宁云商等全国知名电商企业签订了战略合作协议，上线了淘宝特色中国重庆馆，并对重庆菜园坝水果市场网购平台香满园给予了大力支持。这些涉农电商平台与市扶贫办主推的村游网扶贫电商平台存在较强的竞争和替代关系，各自为政，彼此都难以发展壮大。

二是相关部门对贫困地区电商的扶持发展既有交叉重复又有盲点死角。目前，相关政府部门在支持涉农电商发展时都希望见效快，都在按先易后难原则推进，有多个部门在同时支持少数基础较好的贫困区县发展电商，如秀山、巫山和忠县的电商发展有市商委、市供销总社在同时支持。而一些电商发展基础较差的贫困区县却无相关政府部门帮扶，如丰都、武隆、开县、潼南等。特别是在电商人才培训工作上，商委、农委、共青妇组织部门和区县政府等都在组织开展该项工作，但彼此之间缺少协调，一些部门组织的培训内容空洞、质量把关不严，导致贫困地区电商人才短缺问题仍较突出。

三是部分区县的农村电商发展对当地贫困农户创业增收的带动作用有限。重庆市部分区县政府对发展农村电商的意义和核心把握不准，侧重于在农村引进电商平台和推动工业品下乡，对农产品上网销售重视不够，导致当地农产品生产加工企业、合作社、农户上网销售的难度大、成本高，贫困农户难以依托电商实现创业增收。据部分区县企业反映，目前在阿里巴巴开设网店，阿里巴巴每年要以“诚信通”的名义收取3688元的费用，“支付宝”要按照交易额的2%~5%收取费用。在京东开设网店，京东每年要收取1000元的管理费用，收取5万~10万元的保证金，且不出具收费凭证，“支持宝”要按照交易额的5%~10%收取费用。面对如此高昂的营销费用，当地贫困农户很难直接或间接在这些巨无霸电商平台销售农产品，很难真正通过电商盈利增收。

对电商实现精准扶贫，需避免只追求短期结果，而不仅仅是追本溯源。需要在了解和分析现状和原因的基础上，找出实际上存在着因果联系的影响因素；

需要分析和了解导致结果的因素和过程，而不只是从结果的角度思考问题，更要从问题的本源上寻求解决办法。

需要从政策实施的具体制度环境以及实施者角度来研究和看待制定政策，而不是仅仅从原理或者仅仅从出发点、愿望来制定政策，需要将产业发展政策放回到其发生作用的制度环境背景中，通过政策制定的艺术，分析和解决产业发展政策在政治因素占主导地位的环境中面临的种种挑战。在政策制定过程中要对本地区的社会基础、行为基础和制度基础投以更多的关注，并试图将这些元素融入对经济政策的分析中。

需要关注到产业政策不同取向的协调问题。如何平衡产业政策的发展取向和秩序公平取向，如何平衡效率和公平的问题也是制定和实施产业发展政策的一大挑战。市场不仅具有资源配置的功能也兼具初次收入分配的功能。如何在产业发展过程中兼顾资源配置和公平分配对于小农生产经营结构下的农业产业政策是一个极大的挑战。

面对电商扶贫，我国农业产业政策制定者需要深刻认识到农业和农民问题之间的内在关联，农产品营销问题并不仅仅是农产品销售问题，也是一个农民收入问题和农产品价值实现和价值链分配问题。对于贫困山区农民来说，产品销售就是走向市场和实现脱贫致富的过程。

农产品电商扶贫发展面临三个核心问题：首先是农产品的产品结构问题，也就是产品品类结构供给是否与市场需求相匹配的问题；其次是产品品质是否能够达到市场要求的问题，也就是品控的问题；最后是产品的营销与成本之间的价差，也就是物流成本、基础设施建设以及供应链管理水平的问题。其中品控的问题最为突出，反映了小农生产经营方式与现代农业产业发展的脱节，无法实现标准化也就与大市场无法相衔接、形成相应的商业业态和规模。

通过调查研究我们发现，“互联网 +”在促进乡村精准扶贫发展和高质量发展上具有很强的产业链整合功能，可以通过农产品的“商品化前置”将原来农户生产与消费者消费之间断裂的产销关系联结起来，从而重组农产品供应链体系，实现农产品的品控和标准化。通过市场化倒逼和政策性引导，将农户的生产利益与终端消费利益有效地对应起来，并建立一系列的农产品标准化追溯体系，通过农产品的品牌效应实现农产品生产的高品质与高价格的对应关系，从而解决农产品生产过程中的劣币驱逐良币的问题，实现了从低质混乱的生产营销的逆淘汰机制转向高质量良性发展轨道。

农产品上行和农产品电商的痛点如下。

无论是阿里巴巴还是京东等其他电商网络平台，之所以目前所有农产品电商无法实现与工业品电商同样的效果，一个根本性原因就在于农产品与工业品不同的非标属性。也就是说，互联网经济要求产品无差别、同质同价，而农产品不同于工业品，农产品不具有工业品的标准化、一致性、稳定性。农产品作为一种自然生物产品，具有很强的非标特征。也就是说，农产品要实现互联网交易，真正的功夫并不在线上，而在线下，在农产品的供应链品控和管理，这显然是传统工业品电商所无法实现的职能。所以所谓的“互联网+”农业产业链的本质主要并不是销售端的营销，根本还在于生产端能够生产出高质量的农产品，并通过全过程供应链的管理实现均质标准化的品控产品信任追溯体制，只有这样才能实现农产品在互联网上跨域跨时的销售。

贫困村电商网点的减贫效应明显。这不仅体现在农产品上行上，还表现在工业品下行上，大大降低了贫困农户日用消费品的成本，提高了生活质量，降低了生活成本。当地的信息化水平和物流水平也得到提高，城乡之间巨大的数字化鸿沟也逐渐缩小，乡村也成为信息化的学习场所和培训基地、信息交流中心和产品整合提升中心。这一切提高了农产品的集中度和议价能力，促进了贫困农村农产品市场的发育、稳定可持续发展与农民增收。

“互联网 +”所形成的跨越地理空间限制的信息化共享机制，将原来小农分散的力量集合起来，形成有效的资源共享平台，不仅大大降低了个体小农生产经营的成本，也大大增加了生产经营合作的机会和可能，同时大大提高了信息传递效率，有助于降低甚至消除产销之间的信息不对称，为提高农产品生产供给的精准性、可靠性和安全性，降低成本和提高效率都提供了坚实的基础和有效手段。对传统农业产业形态创新具有十分重要的促进作用。

具体来看，“互联网 +”对传统农业形态的创新主要表现在以下几个方面。

在生产环节，实现农业生产的标准化。通过将互联网融入农业生产环节，能够降低人力成本、提高生产效率，实现农业生产的自动化、标准化；有利于建立产品追溯机制，提高农产品的安全性和供给的精准性。

发展农业互联网，建立农产品信息平台和发展农村电商，大力推动现代农业形态的发展。具体到流通环节，“互联网 + 农业”的创新价值主要体现在打造廉价高效的营销入口上。

电商平台不仅打破了产品销售在时间和空间方面的局限，使用户在家里就能简便快捷地选购自己喜欢的农产品，还能充分发挥本土产销企业风险控制力强的优势；同时，电商模式也为本土农产品变现提供了最佳路径，特别是微博、微信、QQ 等社会化媒介平台，为农产品提供了多元、便捷、高效、价廉的营销入口，有助于升级农产品经营模式。

在生产经营上，通过大数据分析对农产品需求市场进行细分，精准定位目标用户和多元化需求，从而提高营销的针对性和有效性；借助各种线上实时交互平台和工具，生产者还能够与用户进行深度互动，及时准确地把握用户的需求，不断优化产品与提升服务质量。互联网在根本上重塑了以往的产销关系。通过大数据精准把握消费者需求，再据此组织生产，从而打造按需生产的“定制化”经营模式，实现产品的零库存和高效变现。

在这个意义上，互联网农业已从单一的生产商转变为服务商，农业生产者、消费者和市场在互联网的作用下实现了更为紧密的互联、互通和互融。

“互联网+”有助于解决传统农业中小农和大市场之间断裂的核心痛点问题。痛点首先在于农业市场空间大，但产业相对落后，信息不对称严重；其次在于农业市场用户规模大但较为分散，制约了相关服务的开展；最后是农产品交易成本高、环节多、过程长，导致经营成本较高。作为传统农业大国，我国农业正面临农产品库存压力增大、供需结构失衡、产品价格过高、外来农产品冲击严重等诸多问题，这制约了农业现代化的进程。将互联网深度融入农业发展运营中，利用互联网思维、技术和模式重塑农业的产业形态和经营模式，能够有效化解农业发展痛点，推动农业的信息化、规模化和智能化转型升级。

“互联网+农业”的创新发展对于产销形态也产生了巨大的影响，主要体现在以下三个方面。

首先是彻底改变信息不对称现象，实现全过程的产品体验。“互联网+”带来了体验经济时代，相比产品本身的功能和价值，用户更加注重获得意料之外的体验价值。因此，围绕产品形成的体验对产品溢价和附加值提升具有重要的作用。在农业生产经营中融入互联网，有利于彻底改变以往信息不对称和流通滞后的现象，实现全过程的产品体验，创造更多附加价值。例如，农产品定制化服务，借助网络平台实现农产品生产过程的全透明，以及建立农产品溯源机制等；同时，借助互联网，节假日农场生活体验等农业虚拟化产品将充分满足都市用户的个性化需求，创造更多的价值。

其次是开拓全网覆盖的全新销售渠道，通过实时服务大规模分散用户，互联网农业打破了传统农产品销售的时间和空间限制，开拓出全网覆盖的营销新渠道、新模式，从而有效地解决了用户分散带来的服务难题，挖掘出更大的市场潜力。

最后是充分利用大数据的信息流以有效降低成本。传感系统、物联网、互联网和大数据等先进技术的应用，将颠覆粗放低效的传统农业运营方式，推动农业生产的集约化、精准化、智能化和数据化。整合线上线下资源，对农业产业链全流程进行再造重塑，利用大数据技术提升农业经营的精准性和效率，降低经营成本，实现农业的信息化、互联网化转型升级。

第二节　协同推进重庆电商扶贫工作的四项政策建议

电商扶贫工作是一项复杂的系统工程，涉及农村交通、通信、网络等基础设施建设，农业生产组织方式的变革以及农村物流体系的完善等方方面面的工作，而贫困地区电商发展的软硬件条件相对更差，建设和发展任务更重，亟须加强扶贫部门与商委、农委等相关部门的协同以合力推进扶贫工作。为此我们建议如下。

一　增强扶贫部门在推动重庆电商扶贫工作上的主体责任

建议从市政府层面研究制定“重庆电商扶贫工作实施方案”，增强市扶贫办在推动重庆电商扶贫工作上的主体责任，对其支持贫困地区电商发展的力度和覆盖范围提出更高要求，尽快消除扶持盲点。同时也为扶贫部门开展电商扶贫工作安排更多资源。

二　明确相关部门的协助责任

建议进一步明确市商委、市农委、市经信委、市通信管理局、市供销社等相关部门在推动电商扶贫工作上的协助责任，要求相关部门在贫困地区的交通通信基础设施建设、网络营销体系建设、配套服务体系建设等方面进行协助配合，各出其力，各记其功。

三　建立扶持资金使用的统筹协调机制

建议由市财政局牵头，统筹协调相关部门在电商扶贫方面的资金预算和资金使用方向。如市商委的相关支持资金重点用于扶持贫困地区的网络营销体系建设（含平台建设），市农委的相关支持资金重点用于扶持贫困地区的农产品生产加工体系建设，市经信委和市通信管理局的相关扶持资金重点用于扶持贫困地区的网络宽带和通信设施建设，市扶贫办的相关支持资金重点用于扶持贫困户发展生产和开展网上营销。特别是相关政府部门对扶贫电商平台的资金支持，原则上只规定支持的门槛标准和平台总数，不指向具体企业，促进扶贫电商平台在有序竞争中发展壮大。

四 共建全市电商扶贫数据库

建议加强市扶贫办与市商委、市农委、市工商局等政府部门之间的信息沟通和数据集成，共建重庆电商扶贫数据库，将全市贫困人口信息与全市农特产品生产信息、农产品市场需求信息、主要农产品价格监测信息、农村交通通信信息、涉农电商平台信息、涉农电商经营主体信息、涉农金融信息、涉农政策支持信息等汇集于该数据库。支持科研单位、电商企业等主体立足该数据库积极开展大数据开发业务，重点通过大数据分析发现重庆电商扶贫工作的薄弱环节、瓶颈环节，推动实现电商扶贫各方面资源的优化配置。支持行业协会、平台企业充分利用数据库中的市场交易信息和客户评价信息，对电商经营户进行打分、评级，构建公正合理的正向激励机制、失信惩戒机制和行业自律机制，为重庆电商扶贫工作创造良好的发展环境。

附　录

城口县乡村旅游精准扶贫实施方案

为充分发挥乡村旅游在精准扶贫中的突出作用，通过发展乡村旅游为贫困人口创业、就业、增收提供平台，让贫困户实现脱贫致富，结合我县实际，制定如下实施方案。

一　目标任务

（一）总体目标

到2017年底，发展乡村旅游扶贫示范片6个、示范村50个（其中贫困村25个，非贫困村25个）、示范户1500户，乡村旅游年接待人数突破100万人次，年旅游综合收入达到1.5亿元，带动3000户以上贫困户脱贫增收。

（二）具体目标

2015年发展乡村旅游扶贫示范片2个、示范村17个、示范户600户，带动1200户以上贫困户脱贫；2016年发展乡村旅游扶贫示范片2个、示范村17个、示范户450户，带动900户以上贫困户脱贫；2017年发展乡村旅游扶贫示范片2个、示范村16个、示范户450户，带动900户以上贫困户脱贫。

二　工作措施

（一）加快乡村旅游扶贫基础设施建设

整合相关项目和资金，加快推进6个乡村旅游扶贫示范片、50个乡村旅游扶贫示范村的旅游基础设施建设，优先实现“六通”，即通水、通电、通路、通电话、通有线电视、通网络，并逐步完善文化、体育、卫生和娱乐等配套功能设施。在旅游基础设施建设过程中，充分吸收周边建档立卡贫困户劳动力就业，拓宽贫困人口增收渠道。

（二）大力培育乡村旅游扶贫示范产业

根据贫困村、贫困户的基础条件，通过一系列政策扶持，在每个旅游扶贫示范村培育1~2个特色观光农业项目，扶持30户左右乡村旅游扶贫示范户；通过示范户发展，带动2~3户贫困户发展种植业或养殖业，定点销售到乡村旅游扶贫示范户，并优先吸收周边贫困户劳动力就业务工；建立帮扶机制，由发展较好的示范户帮扶带动周边有条件的1~2户贫困户开设分散接待点或经营点；每个示范村成立1家乡村旅游扶贫合作组织，推动乡村旅游规范化、集团化经营。

（三）积极尝试旅游资源、生产要素入股创收

由政府规划，企业或能人牵头，市场化运作。鼓励、引导懂经营、善管理的企业、能人参与乡村旅游扶贫开发，每个旅游扶贫村引进或培育1~3家乡村旅游企业（大户），采取公司+贫困户、能人带贫困户等形式，根据需要吸纳或租赁贫困户的部分果园、山林、土地等生产资源作价参股，经营业主优先聘用贫困户家中劳动力在经济实体中从事管理和生产。

（四）大力开发乡村旅游扶贫商品

利用我县丰富的农特产品等资源，挖掘特有的饮食文化、手工技艺等资源，采用公司带贫困户等模式，发展农林特色产品和旅游手工艺品等特色旅游商品，每个示范村培育1~2家旅游商品企业和品牌，组

建1支文化表演团队，鼓励贫困户参与旅游商品的生产经营，切实提高贫困户收入。

（五）发展乡村旅游扶贫电子商务

积极开辟旅游产品电子商务，借助网络平台进行旅游产品销售。鼓励乡村旅游扶贫示范户采用合作社形式为贫困户搭建电商平台，建立农产品网络系统，开展电商销售。每个示范村开设1家以上电商扶贫“网上村庄”，做到网店与实体店销售齐头并进，不断扩大网上销售比例，提升我县旅游商品流通市场竞争力。

三　组织保障

（一）加强组织领导

县扶贫攻坚领导小组负责统筹指导、协调推进乡村旅游扶贫工作，协调解决乡村旅游发展中的重点、难点问题。县扶贫办负责对全县90个贫困村进行调查摸底，建立贫困村乡村旅游资源目录库；会同县旅游局共同分类制定旅游贫困示范片、示范村、示范户发展乡村旅游的项目规划设计及建设实施方案，专门针对贫困农户推出一批适合其参与经营的小项目。县扶贫攻坚工作领导小组各成员单位要根据各自的职能职责，整合部门、乡镇（街道）的资源、政策、资金，支持乡村旅游扶贫建设。

（二）强化政策支持

一是加大财政专项扶贫资金支持力度，安排一定比例扶贫开发小片区专项资金、产业扶贫资金和整村脱贫资金用于乡村旅游扶贫示范片建设。二是每个乡村旅游扶贫示范片安排乡村旅游扶贫资金不少于 200 万元，通过以奖代补等方式，主要用于建设乡村旅游扶贫配套设施、到户补助和宣传推介等。三是重点扶持建档立卡贫困户发展乡村旅游产业，对发展旅游项目的建档立卡贫困户进行客房、浴室、厨房、厕所等设施改造给予补助，根据实际情况每户补贴最高不超过 2 万元；对通过发展乡村旅游产业带动 5 户以上贫困户脱贫致富的非贫困户，调查核实后奖励 1 万元。四是组织专业人员对乡村旅游扶贫示范户和从业人员至少开展 3 期以上乡村旅游扶贫培训，重点培训其经营理念、经营技能、职业道德、服务标准、礼貌用语，提高规范化服务水平。五是加大对乡村旅游扶贫的金融信贷支持力度。对发展乡村旅游扶贫产业的建卡贫困户，可申请全额贷款贴息，优先考虑最高5万元小额扶贫贷款。支持旅游扶贫示范村建立扶贫互助资金协会，优先支持贫困户发展乡村旅游扶贫产业。六是对乡村旅游扶贫示范村建设电商扶贫“网上村庄”给予项目补贴，对验收为优秀的“网上村庄”给予5万元项目资金补贴，验收为合格的“网上村庄”给予2万元资金补贴。七是对符合国家、市有关部门制定的各类评定标准并被评定为三星级以上的旅游扶贫示范户按照县上有关政策执行，鼓励乡村旅游上等级、创品牌。

（三）形成推进合力

根据乡村旅游扶贫工作的年度目标，积极整合和吸纳社会力量开展乡村旅游扶贫，优先考虑乡村旅游扶贫示范片的基础设施建设和产业扶持，因地因户逐步实施。旅游企业开展“一帮一”等形式对口帮扶，旅游行业从业人员开展旅游扶贫志愿者服务，把乡村旅游扶贫工作引向深入，形成全社会扶贫氛围。加强县内各乡村旅游扶贫示范片的协作，打响“中国生态气候明珠”品牌。强化旅游扶贫宣传，举办各类节庆赛事，建立完善预订系统，对乡村旅游扶贫示范点进行优先推介，提高影响力和知晓度。

（四）狠抓工作落实

县扶贫办、县旅游局要制定每年的旅游扶贫工作行动计划，对年度工作目标要倒排推进工作时间表，落实专人负责，建立严格目标考核机制，严格奖惩，推动各级各部门抓好工作落实。

参考文献

［美］埃斯科瓦尔:《遭遇发展：第三世界的形成与瓦解》，汪淳玉、吴惠芳、潘璐译，叶敬忠译校，社会科学文献出版社，2011。

毕天云:《社会福利场域的惯习：福利文化民族性的实证研究》，中国社会科学出版社，2004。

［英］布莱克莫尔等:《扶贫认证——亚洲小农户可持续认证效益评估》，乔玉辉译，中国农业出版社，2013。

段淇斌等:《西部贫困地区产业扶贫模式创新研究——以临夏州和政县啤特果产业为例》,《开发研究》2015 年第 6 期。

景跃进:《中国农村基层治理的逻辑转换——国家与乡村社会关系的再思考》,《中共浙江省委党校学报》2018 年第 1 期。

［美］康西安、［美］丹齐革等:《改变贫困，改变反贫困政策》，刘杰等译，中国社会科学出版社，2014。

［美］雷切尔博茨曼、［美］路罗杰斯:《共享经济时代——互联网思维下的协同消费商业模式》，唐朝文译，上海交通大学出版社，2015。

李文、李芸:《中国农村贫困若干问题研究》，中国农业出版社，2009。

刘建生、陈鑫、曹佳慧:《产业精准扶贫作用机制研究》，《中国人口·资源与环境》2017 年第 6 期。

刘小珉:《贫困的复杂图景与反贫困的多元路径》，社会科学文献出版社，2017。

鲁可荣、杨亮承、朱启臻:《精准扶贫与乡村再造：基于云南禄劝实践的反思》，社会科学文献出版社，2017。

罗必良等:《农业家庭经营：走向分工经济》，中国农业出版社，2017。

［美］诺曼·厄普霍夫等:《成功之源：对第三世界国家农村发展经验的总结》，江立华等译，广东人民出版社，2006。

［美］斯蒂格利茨、〔印〕森、〔法〕菲图西:《对我们生活的误测：为什么 GDP 增长不等于社会进步》，阮江平、王海防译，新华出版社，2014。

［美］斯科特:《农民的道义经济学：东南亚的反叛与生存》，程立显等译，译林出版社，2001。

徐鲜梅等:《小额信贷与中国扶贫：经验与思考》，中国妇女出版社，1998。

刘永功主编《参与式扶贫规划与项目管理》，中国农业大学出版社，2007。

徐震:《社区发展——方法与研究》，台北：中国文化大学出版部，1985。

杨秋林、沈镇宇主编《农业项目的管理——着重世界银行的经验》，农业出版社，1991。

张雪梅、李晶、李小云:《妇女贫困：从农村到城乡，从收入贫困到多维贫困——2000 年以来中国“妇女贫困”研究评述与展望》，《妇女研究论丛》2011 年第 5 期。

中国农村贫困定性调查课题组编《中国 12 村贫困调查：理论卷》，社会科学文献出版社，2009。

朱启臻、鲁可荣:《柔性扶贫：基于乡村价值的扶贫理念》，中原农民出版社，2016。

朱晓阳主编《边缘与贫困——贫困群体研究反思》，社会科学文献出版社，2012。

后　记

新建村是一个避暑胜地，沿着高山脚下蜿蜒前行的公路可以抵达。从山上奔腾而下的山泉，清澈见底、清凉异常，边上是平坦的公路。新建村是由周边高山居民易地搬迁而构成的，村民们在山脚平坦地带建起了一座座新房。在新建的调研期间，调研小组在当地人的带领下入户，还走访了一家高山住户，了解村庄风情。在此，特别感谢新建村村民杨兴兰及龚美琳、城口县东安镇镇政府党政办副主任朱玉辰等以及其他相关人员。

图书在版编目(CIP)数据

精准扶贫精准脱贫百村调研. 新建村卷：乡村旅游与电商助力精准扶贫 / 李人庆，齐云晴著. -- 北京：社会科学文献出版社，2020.10

ISBN 978-7-5201-7517-3

Ⅰ. ①精… Ⅱ. ①李… ②齐… Ⅲ. ①农村 - 扶贫 - 调查报告 - 城口县 Ⅳ. ①F323.8

中国版本图书馆CIP数据核字（2020）第209500号

·精准扶贫精准脱贫百村调研丛书·

精准扶贫精准脱贫百村调研·新建村卷

——乡村旅游与电商助力精准扶贫

著　　者 / 李人庆　齐云晴

出 版 人 / 谢寿光
组稿编辑 / 邓泳红
责任编辑 / 桂　芳

出　　版 / 社会科学文献出版社·皮书出版分社（010）59367127
地址：北京市北三环中路甲29号院华龙大厦　邮编：100029
网址：www.ssap.com.cn
发　　行 / 市场营销中心（010）59367081　59367083
印　　装 / 三河市尚艺印装有限公司

规　　格 / 开　本：787mm×1092mm　1/16
印　张：12　字　数：79千字
版　　次 / 2020年10月第1版　2020年10月第1次印刷
书　　号 / ISBN 978-7-5201-7517-3
定　　价 / 59.00元

本书如有印装质量问题，请与读者服务中心（010-59367028）联系